T0169809

EXAMEN DE LA VISION EN DIEU
DE MALEBRANCHE

DU MÊME AUTEUR
À LA MÊME LIBRAIRIE

la conduite de l'entendement, traduction, introduction et notes Y. Micha
1974.
ux traités du gouvernement, introduction, traduction et notes B. Gilson, 1997.
ai sur l'entendement humain, introduction, traduction et notes J.-M. Vienne :
    – *Livres I-II*, 2001.
    – *Livres III-IV*, 2006.
elques pensées sur l'éducation, trad. Comparé, introduction M. Malherbe, 20
tes sur la loi naturelle, la morale et la religion, traduction et notes J.-F. Sp
1990.
*ft A. Première esquisse de l'essai philosophique concernant l'entenden
humain,* traduction, introduction et notes M. Delbourg-Delphis, 1974

BLIOTHÈQUE DES TEXTES PHILOSOPHIQU

ndateur H. GOUHIER   Directeur J.-F. COURT

JOHN LOCKE

EXAMEN DE LA VISION EN DIEU ET AUTRES NOTES CRITIQUES CONCERNANT MALEBRANCHE

Présentation, traduction et notes
par
Jean-Michel VIENNE

Postface de
Jean-Christophe BARDOUT

PARIS
LIBRAIRIE PHILOSOPHIQUE J. VRIN
6, Place de la Sorbonne, Vᵉ
2013

Les textes proposés dans ce volume ont été traduits et publiés
avec l'aimable autorisation de M. Paul Schuurman
(Erasmus University Rotterdam)
et du Digital Locke Project (www.digitallockeproject.nl).

© *Librairie Philosophique J. VRIN*, 2013
Imprimé en France
ISSN 0249-7972
ISBN 978-2-7116-2518-5

www.vrin.fr

ABRÉVIATIONS

Essai	Locke, *Essai sur l'entendement humain*
Examen	Locke, *Examen de l'opinion du P. Malebranche : la vision de toutes choses en Dieu*
Ms Recherche	Locke, manuscrit intitulé *Recherche*
Remarques	Locke, *Remarques sur certains des livres de M. Norris où il soutient l'opinion du Père Malebranche que nous voyons toutes choses en Dieu.*
Recherche	Malebranche, *Recherche de la Vérité*
De la Recherche	Malebranche, 3 vols, édition poche
O.C.	Malebranche, édition des œuvres complètes, Paris, Vrin, CNRS, 1972 ;
R.R.	Norris, *Reason and Religion*

LOCKE CRITIQUE DE MALEBRANCHE

Les notes de lecture que Locke a rédigées sur la *Recherche de la Vérité* de Malebranche sont un élément du vaste mouvement que l'on a dénommé « sécularisation »[1]. Elles méritent d'être lues dans ce contexte global, autant que comme un élément technique du débat sur la « voie des idées », voie ou méthode introduite par Descartes et fortement discutée au dix-huitième siècle.

Le recueil le plus important de ces notes manuscrites portait le titre : *Sur la vision en Dieu de toutes choses* ; il ne traite pas explicitement de la question de la sécularisation, mais témoigne comme les autres de la distance de deux auteurs qui pensent à la même époque dans deux univers conceptuels

---

1. Charles Taylor (*L'âge séculier*, Paris, Seuil, 2011) caractérise l'âge séculier par trois traits du monde occidental : institutionnel (séparation du politique et du religieux : laïcité à la française), sociologique (déclin de la pratique religieuse) et surtout psychologique (la croyance individuelle n'est plus une évidence, mais est une option qui doit être justifiée). Taylor aborde longuement la pensée de Locke, comme étape dans l'évolution vers une « anormalité » croissante de la croyance en un Dieu transcendant.

différents. L'empirisme de l'un ne peut s'accorder à l'augustinisme de l'autre – et pourtant (ce qui rend manifeste l'insuffi-
sance de ces catégories), ils croient tous deux en Dieu et
défendent l'usage de la raison. Mais l'un part des réalités
terrestres pour tenter de discerner un Dieu personnel, quand
l'autre part d'une assurance fondée sur l'intuition première
des réalités éternelles, infinies et universelles placées en un
Dieu « des philosophes », pour comprendre le monde créé où
nous vivons. L'un traite des causes secondes par ignorance de
la causalité divine et l'autre fait dépendre la connaissance des
choses matérielles de ce que Dieu nous découvre. Et chacun
définit pourtant sa démarche comme de « raison » : Malebranche reprend sous ce nom la thèse augustinienne de l'*illumination*, que Locke regarde comme « enthousiaste », car elle
ne respecte pas la différence radicale des entendements divin
et humain.

Locke rédige dans l'esprit d'une phrase de saint Paul :
« Depuis la création du monde, ses perfections invisibles
(éternelle puissance et divinité) sont visibles dans ses œuvres
par l'intelligence », alors que Malebranche cite par deux fois
une autre phrase de Paul : « En lui, nous avons la vie, le mouvement et l'être »[1]. Pour sacrifier au vocabulaire actuel, la progression « down-up » de l'un s'oppose à la méthode inverse de
l'autre[2].

---

1. Successivement, *Romains*, 1.20 (cité par Locke en *Examen* § 36) et
Actes, 17.28 (cité par Malebranche à l'appui de la vision en Dieu : *Recherche*,
III.II.VI et Éclaircissement X, 4e objection). Locke cite aussi la seconde phrase
de Paul (*Essai*, 2.13.26) dans un contexte de réflexion sur le statut de l'espace
dont il sera question par la suite.

2. Leibniz réagit en logicien à cette critique de Locke contre Malebranche :
« On objecte… que l'Apôtre commence par la connaissance des créatures pour
nous mener à Dieu et que le Père fait le contraire. Je crois que ces méthodes
s'accordent. L'une procède *a priori*, l'autre *a posteriori*, et la dernière est la plus

Par la suite, les déistes britanniques défendront à partir de la position lockienne l'exclusivité de la raison en matières de croyance ; et à l'inverse, le mouvement enthousiaste se prévaudra de l'autorité de Malebranche pour parler d'illumination ; même si les premiers semblent avoir gagné en façonnant l'esprit « moderne », les seconds perdurent en se nourrissant des excès des premiers… Mais la critique de Malebranche que Locke élabore sous nos yeux permet de revenir à une réflexion plus fondamentale qui oppose la saisie première de l'essence des choses à la constitution laborieuse de l'universel à partir du singulier.

Entre Malebranche et Locke, il y a la différence que l'on a caricaturée en rationalisme *versus* empirisme, mais que l'on peut décrire plus finement en termes de don *versus* construction. Quelle est l'origine des vérités nécessaires et universelles que nous utilisons ? Avant Kant, il fallait penser soit en termes de réception des idées (ou vérités) transcendantes, antérieures à leur découverte humaine, soit en termes de leur construction par l'outil générique qu'est l'esprit humain, seul source d'universalité. On comprendra alors comment les deux thèses peuvent être « empiristes » (en ce qu'une expérience faite au cours de l'histoire humaine permet pour les deux philosophes la découverte de l'universel) et comment elles peuvent être « rationalistes » toutes deux (puisque la raison est l'instrument de cette découverte) ; on comprendra aussi qu'elles sont toutes deux « théistes ». Mais

commune. Il est vrai que la meilleure voye de connaître les choses est celle qui va par leurs causes, mais ce n'est pas la plus aisée. Elle demande trop d'attention et les hommes ordinairement donnent leur attention aux choses sensibles ». (A. Robinet, *Malebranche et Leibniz : relations personnelles*, Paris, Vrin, 1955, p. 400). Voir la remarque parallèle de Locke lui-même : ci-dessous *Remarques*, § 6.

le Dieu de Malebranche est le plus proche du Dieu des philo-sophes, alors que le Dieu de Locke est le Dieu personnel de la foi, qui veut et décide de façon incompréhensible ; le raisonnement dans l'une ou l'autre pensée progresse par perception de rapports mais, à son terme, la saisie de Dieu est pour Malebranche intuitive[1], alors que la raison de Locke est argumentative ; l'empirisme de Malebranche ouvre au manque et à l'insatisfaction qu'engendre le contingent et au désir de l'universel, alors que la sensation et la réflexion pour Locke donnent de quoi assurer une remontée vers ce qui est indispensable à la vie et au salut.

LE CONTEXTE : L'ENTHOUSIASME

À l'époque de la rédaction des notes de Locke, les deux protagonistes ont une position intellectuelle assise, mais dans un style très différent. Malebranche est né six ans après Locke (1638/1632), mais il a en 1693 (date de rédaction de la plupart de nos textes) une œuvre écrite importante, dont la *Recherche*, publiée à 36 ans (1674-1675) a marqué les débuts. Il a induit une littérature considérable de contro-verses[2], ouverte notamment par la réponse d'Arnauld (1683 : *Des vraies et des fausses idées*) qui donne lieu à lettres, réponses et éditions corrigées de la *Recherche*. Ses intérêts scientifiques vont lui valoir en 1689 d'entrer à l'Académie des Sciences[3].

---

1. Malgré la théorie du raisonnement de *Recherche* I. II.

2. 1677 : Conversations chrétiennes. 1678 : *Éclaircissement sur la Recherche*. 1680 : *Traité de la nature et de la grâce*; 1688 : *Entretiens sur la métaphysique, sur la religion et sur la mort.*

3. *Cf.* D. Moreau, *Malebranche. Une philosophie de l'expérience*, Paris, Vrin, 2004.

Locke n'est pas l'écrivain prolixe qu'autorisent le calme
(relatif) et la bibliothèque du Couvent de l'Oratoire tout
comme la certitude d'une foi partagée par son public. Après
ses études à Oxford, Locke s'est rapidement libéré des
contraintes universitaires (notamment la cléricature) pour
exercer une activité scientifique (physique aux côtés de
Boyle, médicale à la suite de Sydenham); il s'est libéré des
contraintes ecclésiales pour penser en «indépendant», et
les engagements politiques ou sa santé l'ont involontairement
libéré d'une stabilité géographique et nationale en l'envoyant
en mission, en voyage ou en exil dans différents pays. La
retraite relative de l'exil et les contacts avec la diaspora
intellectuelle de l'Europe des Lettres lui permettent de publier
son premier écrit signé de son nom à 58 ans (1689-1690).
La reconnaissance philosophique ne lui vient que lentement,
s'ajoutant à la reconnaissance des milieux politiques de la
Glorious Revolution. En 1693 donc, Locke est un retraité
indépendant, en butte à l'Église établie, mais assuré de
l'estime d'un milieu progressiste.

Les notes que Locke rédige autour de 1693 sur la
Recherche de la Vérité n'ont jamais eu le succès des livres
d'Arnauld et moins encore le succès des notes de Leibniz
sur l'*Essai* de Locke. Elles participent pourtant à la même
controverse sur la *way of ideas*. Mais l'*idée* n'est pas pour
Locke, pas plus que pour Arnauld[1], l'essentiel; il en traite
dans le cadre d'un débat plus large, à portée métaphysique:
que savons-nous du monde, de la structure interne des choses,
comment accroître notre savoir limité? Et cette critique de la
connaissance a une visée pratique: la *way of ideas* s'oppose à

---

1. Voir D. Moreau, *Introduction* dans A. Arnauld, *Des vraies et des fausses
idées*, Paris, Vrin, 2011, p. 13-14.

l'assurance de la morale traditionnelle, appuyée sur l'innéité et l'universalité des principes ; elle s'oppose à la vision immédiate des vérités éternelles : la tolérance et la liberté individuelle dépendent de la modestie de chacun dans la recherche d'une connaissance assurée. Le débat sur les idées prend ainsi place dans une opposition à l'enthousiasme (ou illuminisme), péril pour la paix religieuse et donc civile, qu'entretenait une certaine forme de néo-platonisme, ravivé par l'immigration des camisards français que la révocation de l'Édit de Nantes avait jetés sur les routes de l'Angleterre.

Avant de rédiger ses notes de lecture sur la *Recherche*, Locke avait déjà critiqué d'autres formes d'illuminisme qui l'entouraient. Illuminisme moral de ceux qui défendent l'innéité des idées de Bien, de vrai, de Dieu et par suite l'intolérance envers les incroyants. Illuminisme politique de ceux qui défendent la théorie de l'origine divine du pouvoir royal : le roi devrait être respecté comme le successeur des anciens patriarches. Illuminisme religieux enfin, source des deux précédents, qui transpose en savoir assuré ce qui n'est qu'objet de croyance : Dieu serait pour le croyant présent à chaque conscience et il devrait pour cette raison être immédiatement connu et source de toutes nos connaissances. Locke sépare au contraire ce qui est objet de raisonnement et ce qui est objet de révélation, faisant de la raison le juge ultime, comme l'œil dont on ne pourrait se défaire pour voir.

L'enthousiasme est explicitement abordé dans l'œuvre publiée, au chapitre 19 du dernier livre de l'*Essai*, ajouté à la quatrième édition. Il est directement lié à la lecture de Malebranche, mais la réception de Malebranche a eu pour Locke deux temps. Locke a cherché d'abord à se procurer la *Recherche* dès 1677[1] (il en possède à la fin de sa vie quatre éditions différentes en français, ainsi que la réponse d'Arnauld). Il est vraisemblable qu'il a tiré de sa lecture initiale certains éléments de son *Essai* : hormis la distinction entre qualités premières et qualités secondes, formulée par Malebranche[2] mais inspirée déjà par Aristote, Descartes et Boyle, l'analyse de l'inquiétude, du désir, du plaisir, du suspens et de la conscience que Locke a pu lire chez Malebranche, l'ont sans doute amené à élaborer une conception de l'action morale qu'il corrigera dans la seconde édition de son *Essai*[3]. En tous cas, Locke avant 1689 estimait assez Malebranche pour lui remettre un exemplaire de l'abrégé de l'*Essai* et il renoncera ensuite à achever sa critique de la vision des idées en Dieu car il avait trop de sympathie pour son auteur[4].

Mais les seules références développées à l'œuvre de Malebranche sont critiques, et elles sont postérieures à la première édition de l'*Essai*. On a trouvé dans ses notes une première ébauche des critiques sur la vision en Dieu[5] qu'il est difficile de dater. Le 28 mars 1693[6], préparant la seconde édition où il élaborera une nouvelle conception de l'acte moral, Locke fait part à son ami Molyneux, conseiller perspicace dans les ajouts et corrections de l'*Essai*, de son envie d'ajouter également à l'*Essai* un chapitre critique sur l'enthousiasme. Il écarte d'abord la demande de son correspondant de voir figurer

1. *Correspondence*, Oxford, Clarendon Press, lettre 343.
2. *Recherche*, I.X.I ; VI.II.V ; *cf.* III.II.VIII.
3. *Essai*, 2.21. *Cf.* J.-M. Vienne, « Malebranche and Locke, the theory of moral choice, a neglected theme » in *Nicolas Malebranche, his philosophical critics and successors*, Stuart Brown ed., Assen/Maastricht, Van Gorcum, 1991, p. 94-108.
4. *Correspondence*, lettres 1032 et 1087.
5. *MS 28*, fol. 159, repris in *Digital Locke*.
6. *Correspondence*, lettre 1620.

un passage synthétisant sa position sur les vérités éternelles et le principe d'individuation (questions qui ne sont pas sans rapport avec la vision en Dieu), puis il ajoute :

> L'hypothèse malebranchiste de la vision de toutes choses en Dieu est, je le constate, ce dont certains voudraient tirer nos idées ; je me demande donc si je n'ajouterais pas un nouveau chapitre où j'examinerais cette hypothèse, car j'ai quelque chose à dire contre elle, qui montrera très clairement sa faiblesse.

Le « certains » vise John Norris, dont nous reparlerons. Deux ans plus tard (26 avril 1695), une autre lettre fait le point sur la rédaction du chapitre sur l'enthousiasme (qui n'a pas été inséré dans la deuxième édition, et ne le sera pas non plus dans la troisième à la fin de cette année, mais cinq ans plus tard dans la quatrième édition) : son projet a évolué – puis il ajoute encore une remarque associée sur Malebranche :

> Mon opinion sur le P. Malebranche s'accorde parfaitement avec la vôtre[1]. Ce que j'ai écrit concernant la vision de toutes choses en Dieu constituerait à lui seul un petit ouvrage. Mais je ne l'ai pas encore revu, de peur que je ne sois poussé par l'un ou l'autre à l'imprimer. Car je n'aime pas les controverses et j'ai une sympathie personnelle pour l'auteur.

---

1. Molyneux avait écrit (lettre 1867 du 26 mars 1695), encore après une réflexion sur l'enthousiasme : « le chapitre du P. Malebranche sur *la vision de toutes choses en Dieu* m'a toujours été absolument incompréhensible ; et sauf si vous estimez qu'un texte polémique dans votre *Essai* (ce que vous en avez toujours proscrit) peut ne pas être déplacé au milieu du reste, je suis sûr qu'il mérite fortement d'être présenté et correspond bien au but de votre travail… Père Malebranche a beaucoup de notions précises et certaines erronées et absurdes. Cela fait un moment que je l'ai lu, mais je m'y remets maintenant. Il est surtout platonicien et, à certains moments, presque enthousiaste ».

L'OCCASION : JOHN NORRIS

L'*Examen sur la vision en Dieu* s'insère donc dans le cadre général d'une estime pour les analyses psychologiques et éthiques de Malebranche d'une part, et d'autre part d'une opposition multiforme à l'enthousiasme. L'occasion précise est mentionnée dans une lettre déjà citée : certains s'appuient sur Malebranche pour affirmer (sous le nom d'idées) la saisie immédiate des vérités éternelles. La thèse était répandue en Grande–Bretagne chez les auteurs que l'on a réunis sous le nom de « Platoniciens de Cambridge »[1], même si tous n'étaient pas de Cambridge. Henry More, et Ralph Cudworth sont les plus connus : le premier a correspondu avec Descartes, a eu pour élève Newton ; le second a rédigé un texte emblématique du mouvement de pensée (*Le véritable système intellectuel de l'Univers*) et il a surtout une place privilégiée dans le débat qui s'instaure : Locke le respecte pour son ouvrage et aussi parce qu'il était le père de son amie proche et hôte à cette époque : Lady Masham ; mais il conteste l'orientation générale de sa pensée.

Un adepte de cette école néo-platonicienne, John Norris, fréquentait aussi le cercle de Lady Masham[2]. Il avait publié des ouvrages divers de défense de la cause néoplatonicienne. Ainsi dans *Reason and Religion,* publié en 1689, il concluait :

> Je pense qu'à partir de ces considérations jointes à celles de M. Malebranche, il est clair, voire démontré, que l'homme n'est pas sa propre lumière, une lumière pour lui-même ; et aussi

---

1. *The Cambridge Platonists in Philosophical Context*, G.AJ. Rogers, J.-M. Vienne, Y. C. Zarka eds., Dordrecht, Kluwer Academic Publishers, 1997.

2. Sur Norris, R. Acworth, *La philosophie de John Norris, 1657-1712*, Lille, Atelier des Thèses, 1975. Traduction anglaise : *The philosophy of John Norris of Bemerton (1657-1712)*, Hildesheim, Olms, 1979.

qu'aucune autre créature ne peut être pour lui une lumière ;
mais qu'il voit toutes choses dans le *Logos* divin, monde idéal,
qui est cette *vraie lumière en lui*, dont parlent tant les enthousiastes, qui par une sorte d'accouchement aveugle de l'esprit,
ont jeté un regard confus sur ce que nous avons ici expliqué plus
distinctement : notre lumière et notre illumination procèdent
entièrement de celui qui a dit à l'origine « Que la lumière soit » ;
on voit la vérité dans la mesure où l'on voit Dieu ; les idées que
nous voyons et le *Logos* divin sont notre sagesse, aussi bien que
la sagesse de son Père. Ainsi la doctrine des idées, correctement
établie, est-elle absolument nécessaire pour expliquer à la fois
le mode de la connaissance divine et celui de la connaissance
humaine ; sans elle, aucune des deux ne peut être correctement
expliquée ou comprise, me risqué-je à dire [1].

Et un texte de la même année [2] ajoute à la fusion, dans la
connaissance au moins, de Dieu, du monde et de l'homme :
Tout ce qui existe est ou bien Dieu même, ou bien l'effet de
Dieu ; les vérités éternelles sont l'essence même de Dieu et
dans la mesure où Dieu est intimement uni à notre esprit, ces
vérités éternelles sont intimement présentes. C'est donc en
tournant effectivement notre attention vers le *Logos* que nous
pourrons connaître la vérité du monde sensible.

Malebranche est ainsi convoqué à l'appui d'une thèse
proche de l'enthousiasme, d'un enthousiasme philosophique,
qui a tout pour déplaire à Locke, depuis le vocabulaire utilisé jusqu'aux thèses défendues (univocité des connaissances
divines et humaines, passivité de l'entendement humain,
intuition des idées comprises comme vérités éternelles). Un
an plus tard, la divergence s'exprime ouvertement : Norris
publie, en appendice d'un autre ouvrage, *Réflexions rapides*

1. J. Norris, *Reason and Religion*, part II, cont. II § 43, 1698, p. 131-132.
2. J. Norris, *Reflections upon the Conduct of Human Life*, London, 1689.

sur... l'Essai[1], où il critique les thèses de Locke qui viennent d'être proposées au public. Pour Norris, même s'ils s'accordent sur la chose à prouver (l'existence de Dieu), les deux auteurs divergent sur les moyens : la réfutation des idées innées, l'absence de définition de l'idée, et le statut purement nominal de l'essence des choses. Locke n'a détruit que l'innéisme naïf (celui pour lequel les vérités seraient connues dès la première pensée – critique valable qui sera reprise ultérieurement) et il n'a pas montré comment nous pourrions nous passer de vérités premières, transcendantes, qui fondent notre connaissance des réalités particulières : des vérités premières indépendantes de l'homme sont nécessaires pour fonder les vérités singulières que nous découvrons progressivement. Par ailleurs le statut de l'idée n'est pas précisé dans les termes de l'ontologie de l'époque (substance ou accident, matière ou esprit). Intérêt de ce texte de Norris : la critique faite à Locke est plus consistante que la « démonstration » de la vision des idées en Dieu des autres ouvrages.

On en serait sans doute resté là dans la querelle entre deux hôtes de la même mécène (Lady Masham) si un événement dérisoire n'avait aiguisé les animosités. Molyneux trouvait le théologien « dissimulateur et peu intelligent »[2] ; pourtant Locke, sans doute à la demande de Lady Masham, obtient pour Norris un poste de recteur, à l'étonnement du bénéficiaire qui en remercie Locke[3]. Mais les relations se gâtent à l'occasion d'une « affaire d'honneur »[4]. Dans ce contexte polémique,

1. J. Norris, *Cursory reflections upon a book call'd an Essay concerning human Understanding*, appendice à Christian Blessedness, London, 1690.
2. *Correspondence*, lettres 2231 et 2234.
3. *Correspondence*, lettres 1495, 1498 et 1506.
4. ...qui témoigne de la rivalité des deux hommes dans leur relation avec Lady Masham : une lettre de Lady Masham devait être remise par Norris à

trois groupes de textes sont écrits : en 92 *Answer to Mr Norris Reflections*[1] ; à une date indéterminée (vraisemblablement 1693) : *Some other loose thoughts which I set down as they came in my way in a hasty perusal of some of Mr Norris's writeings, to be better digested when I shall have leisure to make an End of this Argument*[2] ; et enfin le texte qui nous intéresse surtout, car il est le plus organisé des quatre : *Of seeing all things in God*[3].

Dans *Some other loose Thoughts*, Locke reprend divers passages de *Reason and Religion* et en fait la critique en associant la pensée de Malebranche. Mais *Of seeing all things in God 1693* est le plus significatif : le manuscrit prend d'abord à parti Norris, pour écarter rapidement la copie (Norris) et travailler sur le modèle (Malebranche) ; la version publiée ultérieurement effacera même toute allusion à Norris et s'intéressera uniquement à Malebranche. Et, dans l'œuvre de Malebranche, Locke s'intéresse uniquement à la *Recherche* et à la théorie des idées qui y est défendue, donc aux chapitres du livre III.II (dans la rédaction des troisième et quatrième éditions, ignorant les évolutions ultérieures) et au dixième Éclaircissement. Le plan des notes de lecture est dicté par celui du texte : réfutation des quatre thèses adverses, élaboration

---

Locke en main propre ; elle a été déposée auprès d'intermédiaires et remise avec un sceau brisé ; a-t-elle été lue entre temps ? Et lue par Norris ? C'est ce qu'affirme Locke suspicieux. De quoi entraîner une suite de demandes d'excuses où personne ne veut céder (*cf.* R. Woolhouse, *Locke, a Biography*, Cambridge University Press, 2007, p. 316-318).

1. *Manuscrit c.28*, f. 107-112, édition critique par Paul Schuurman, *The Digital Locke Project*, http://www.digitallockeproject.nl

2. Manuscrit d.3, p. 89-109, repris dans P. Schuurman, *The Digital Locke Project*, *op. cit.*

3. *Ibid.*, p. 1-86.

de la théorie de la vision en Dieu, puis précision sur sa portée limitée aux idées de choses matérielles.

La confrontation s'installe autour des deux sens du mot *idée* : forme des choses, antérieure à leur existence[1] – donc éternelle et universelle –, ou état de conscience de l'individu, effet de la perception sensible ou de la réflexion, – donc singulière et transitoire : confrontation entre les approches augustinienne et cartésienne de l'idée. Sans doute l'argumentation de Locke ne respecte-t-elle pas la logique inhérente à la démarche de Malebranche[2] : en prenant séparément chaque thèse, Locke manque leur raison profonde. Bien plus, en ne prenant en compte que les premières éditions de la *Recherche*, ainsi que le seul dixième éclaircissement, Locke ignore les mises au point et les corrections où Malebranche précise sa pensée. Mais l'opposition mise en scène de deux conceptions de l'universel et du statut de la raison critique rachète le caractère hâtif des remarques.

MALEBRANCHE ET LA VISION EN DIEU

Malebranche associe les conceptions traditionnelle (augustinienne) et nouvelle (cartésienne) de l'idée, mais en conservant la priorité de la première : l'idée est d'abord l'idée de toutes choses en Dieu avant même leur création (interprétation traditionnelle) ; mais elle est aussi un objet de la pensée humaine, « l'objet immédiat de notre esprit » dans

1. Voir D. Doucet et D. Moreau (éd) : « La question 46 *de Ideis* de saint Augustin », n° spécial, *Revue Thomiste*, 2003.
2. L'analyse de la controverse du point de vue de Malebranche est faite dans la postface de Jean-Christophe Bardout qui clôt cet ouvrage ainsi que par C. Schwartz, « L'examen de la vision en Dieu : un cartésianisme à l'épreuve de la critique lockienne », communication au colloque *Locke et le cartésianisme*, Lille, sept. 2012, à paraître.

les termes de Malebranche ; interprétation qui « humanise » l'idée, prioritairement objet de pensée humaine, comme le faisait Descartes. Pourtant l'expression « objet immédiat » a un sens précis : l'idée n'est pas une modification de l'esprit comme pour Descartes, une perception et moins encore un acte de percevoir comme pour Arnauld : « Je mets bien de la différence entre nos idées et nos perceptions, entre nous qui apercevons et ce que nous apercevons »[1] ; l'idée est la chose même qui est perçue, et qui existe indépendamment de la vision que nous en avons. Thèse forte sur l'idée, que l'on appelle « représentationaliste » et qui conçoit que l'idée est présente à la pensée comme une réalité face à une autre. Thèse forte aussi sur l'objet : l'objet de la pensée n'est pas ce qui est représenté (la chaise ou le cercle) mais le représentant (l'idée de chaise ou de cercle). Malebranche ne reprend donc pas la distinction introduite par Descartes entre deux dimensions de l'idée : sa dimension mentale (réalité formelle : un état de l'esprit) et sa dimension signifiante (réalité objective : une chose externe visée par la pensée, le contenu représentatif de l'idée)[2].

Cette définition de l'idée est élaborée pour faire droit, comme elle le faisait pour Augustin ou Platon, à la reconnaissance de la nécessité, de l'universalité et de la permanence caractéristiques des vérités éternelles (apparentement de la vérité et de l'idée). Si l'esprit atteint le vrai et le permanent, c'est que la pensée humaine n'est pas enfermée dans ses limites, mais qu'elle perçoit l'essence éternelle des choses, valable pour toutes les réalités du même genre ; la connaissance, même d'une chose singulière, suppose que l'on per-

1. Entretiens sur la métaphysique, II, 10.
2. Troisième méditation, A.T., t. IX, p. 31-32.

çoive d'abord ce qui en fait *telle* chose : sa généralité, son essence, avant sa particularité. L'idée est ainsi la forme de chaque chose indépendamment de sa détermination particulière dans le monde sensible : ce cercle par exemple n'est perçu que dans la mesure où je peux saisir d'abord le cercle intelligible, l'idée de cercle ; cette idée est donc première, même si cet ordre de priorité n'apparaît pas à la conscience commune.

Cette priorité de l'universel et du nécessaire justifient le « lieu » des idées : elles sont les idées mêmes qu'avait Dieu lors de la création, elles sont les archétypes de l'univers. Et les idées ne peuvent être dans leur infinité et leur antériorité situées que dans la pensée infinie et créatrice. Mais elles ne s'y trouvent pas comme dans un lieu neutre : ces idées sont rationnelles et donc apparentées à la rationalité divine elle-même. Contrairement à Descartes donc, pour qui les vérités éternelles sont choisies arbitrairement par Dieu, les vérités et les idées qui les sous-tendent sont pour Malebranche un aspect de Dieu-même.

Si donc nous percevons quelque chose, c'est en Dieu que nous voyons sa dimension éternelle et nécessaire : tel triangle concret n'est perçu qu'à partir de l'idée de triangle qui est en Dieu, quitte à ce que cette idée soit particularisée dans la réception que nous en avons à cette occasion[1]. C'est même un aspect de Dieu que nous voyons en percevant cette chose : l'aspect nécessaire des choses est un aspect de Dieu qui se laisse découvrir à l'occasion de la perception d'un objet concret. Ce n'est certes pas Dieu même que nous voyons ; son

---

1. On s'en tient ici à la pensée de Malebranche telle qu'elle apparaît dans l'édition de la *Recherche* que lit Locke : l'évolution vers la théorie de l'étendue intelligible déplacera la conception de Malebranche (*cf.* A. Robinet, *Système et existence dans l'œuvre de Malebranche*, Paris, Vrin, 1965).

essence et sa nature dépassent toute saisie – mais telle idée nécessaire participe à l'essence divine et Dieu se laisse voir à travers cette idée.

Malebranche reprend cet enchaînement des thèses dans un texte légèrement postérieur à la rédaction de l'*Examen* : dans la question *De Ideis* d'Augustin, il trouve quatre affirmations : « 1°La question des idées est de la dernière conséquence… 2° Les idées sont éternelles et immuables…, 3° Elles sont les exemplaires ou les archétypes des créatures…, 4° Les idées sont en Dieu. Car c'est une impiété de croire qu'en créant le monde, il regardât hors de lui-même »[1]. Suivons cet ordre pour synthétiser les divergences entre Malebranche et Locke.

LOCKE : L'IDÉE

Sur ces quatre thèses, Locke est en désaccord avec Malebranche. Le statut de l'idée d'abord ; elle n'est pas pour lui une entité sur laquelle il conviendrait de s'interroger longuement ; pas de définition ontologique précise, mais une caractéristique fonctionnelle plutôt : l'idée est la chose la plus commune et il suffit d'un peu de réflexion sur le fonctionnement de son esprit pour saisir ce qu'est l'idée[2] :

> C'est ce terme qui est à mon avis le plus adapté pour représenter tout objet de l'entendement quand un homme pense ; je l'ai donc utilisé pour exprimer ce que l'on peut entendre par *phantasme*, notion, *espèce*, ou tout ce à quoi peut s'employer

---

1. *Entretiens sur la métaphysique et la religion*, Préface (1696), *O.C.*, t. XII, 1984, p. 11-12.

2. *Essai*, note à 1.1.8 (5ᵉ édition) dans l'édition Vrin, 2006, annexes, p. 592-602.

l'esprit en pensant ; et je ne pouvais éviter d'en faire une utilisation fréquente[1].

Le vague de la définition lockienne est célèbre : il sera critiqué d'emblée par ses contemporains.

L'idée immuable : perception ou représentation ?

Les idées ne peuvent être des réalités indépendantes, éternelles et immuables, comme le prétend Malebranche. Elles sont des événements dans l'esprit (Locke suit en ce sens Arnauld[2] en associant perception humaine et idée[3]) ; chaque idée ne peut donc dépasser l'instant de son apparition, à moins d'être utilisée pour désigner plusieurs objets similaires, via un processus d'abstraction, qui déleste l'idée singulière de ses caractéristiques distinctives. Incompréhension significative : quand Malebranche parle de la permanence de l'Idée au delà des évocations instantanées, Locke interprète son propos en termes de souvenir et de remémoration[4]. Autre témoin de cette divergence : le refus de Locke de suivre Malebranche dans la distinction (cartésienne) entre idée d'intellection et idée d'imagination (ou sensible) ; pour Malebranche, les idées des sens et de l'imagination sont vives mais confuses et ne deviennent distinctes que par « la conformité qu'elles ont avec les idées de pure intellection » ; cette différence entre idées

---

1. *Ibid.*, 1.1.8.
2. Dont il possédait l'ouvrage *Des vraies et des fausses idées* paru en 1683. Sur Arnauld et Malebranche concernant les idées, *cf.* « Introduction » de D. Moreau dans A. Arnauld, *Des vraies et des fausses idées, op. cit.*
3. *Essai*, 2.1.9 : « Avoir des idées et percevoir ne sont qu'une seule est même chose ».
4. *Examen* § 51 et *Remarques*, § 17. Autre critique ironique : la théorie passe avant les faits : *Remarques*, § 27.

est « nulle » aux yeux de Locke [1], qui ne distingue pas ces deux
ordres : l'idée d'intellection n'est qu'une idée sensible (ou de
réflexion) portée à la généralité.

Pourtant, un autre aspect reste à éclaircir : quelle est la
« consistance » de l'idée ? S'agit-il comme pour Arnauld d'un
autre nom pour l'acte de perception (auquel l'idée peut être
identifiée) ou est-elle comme pour Malebranche une réalité
intermédiaire entre la chose perçue et l'esprit qui perçoit (une
représentation écran) ? Même si l'idée n'est pas externalisée en
Dieu, elle peut avoir la « consistance » d'une représentation
entre la chose et l'esprit. Les interprètes se sont divisés sur
ce point [2], mais Locke n'est pas aussi clairement opposé
qu'Arnauld à l'existence de l'idée comme « être intermédiaire ». Dans ses notes manuscrites sur la *Recherche* (si
j'interprète bien ce texte sibyllin), il se dit d'accord avec la
thèse malebranchiste : « nos âmes se sortent point du corps
pour mesurer la grandeur des cieux et par conséquent elles ne
voient les corps de dehors que par les idées qui les représentent » [3]. Il dit en effet (comme Malebranche - la parenté
des expressions est troublante ! [4]) que l'idée est « un objet
immédiat de l'esprit, qu'il perçoit et a face à lui… » ou encore
« un objet dans l'esprit », « une manifestation (*appearance*)

---

1. *MS Recherche*, commentaire de *Recherche*, III. II. III, *O.C.*, p. 425-426.
2. J. W. Yolton, *Perceptual Acquaintance from Descartes to Reid*,
Minneapolis, University of Minneapolis Press, 1984, chapitre V : « Locke and
Malebranche, two concepts of Ideas ».p. 88-104 ; M. R. Ayers, « Are Locke's
Ideas, Images, Intentional Objects, or Natural Signs ? », *Locke Newsletter*, 17,
(1986) et *Locke*, London, Routledge, 1991, chap. 6-8, p. 52-69 ; J.W. Yolton,
Perception and Reality, a History from Descartes to Kant, Cornell, Cornell
University Press, 1996, p. 76-80, 84-96.
3. *Ms Recherche*, réaction à III.II.I.
4. *Recherche*, III.II.6.

que l'esprit a sous les yeux (*in its view*)»[1]. Dans ces expressions, le terme *objet* est ambigu, d'autant que son indépendance par rapport à l'esprit est accrue par des expressions comme «face à lui», «sous les yeux». Mais sans doute ces expressions doivent-elles être placées dans le contexte d'autres, plus proches d'Arnauld et de son identification de l'idée à l'acte de percevoir[2]; deux expressions parallèles de Locke s'éclairent l'une l'autre : l'idée est en 1.1.8. «tout ce qui est l'objet de l'entendement quand un homme pense» et en 2.1.1. «Ce sur quoi s'exerce l'esprit quand l'homme pense» : le parallèle invite à identifier *objet* et *ce sur quoi s'exerce* [une capacité]; l'idée est la «matière» de l'acte de pensée. Sans doute faut-il alors comprendre le «face à lui» comme une image imprécise qui n'implique pas l'extériorité de l'objet mais conserve cependant la distinction de l'acte de perception et de sa matière, fut-elle mentale. En outre, Locke compare ici de façon significative l'être de l'idée et l'être du mouvement : tous deux cessent aussitôt qu'ils sont nés (sauf entretien, par la mémoire en ce qui concerne l'idée)[3]. Locke est plus «représentationaliste» qu'Arnauld, même s'il refuse d'externaliser comme Malebranche le représentant qu'est l'idée.

Ceci dit, on pourrait attendre une autre précision sur le statut de l'idée : quel est son statut ontologique ? Malebranche, comme Descartes et Arnauld, se situe dans une ontologie réaliste classique selon laquelle le monde est divisé en trois instances (substances, attributs et modes). Locke met également en place une trilogie (substance, mode, relation) mais cette trilogie ne concerne pas d'abord le monde : il s'agit de

---

1. *Essai*, Épitre au lecteur, fin (4e édition).
2. A. Arnauld, *Des vraies et fausses idées*, *op. cit.*, chapitre 5, définition 6.
3. *Ms Recherche*, sub «Chapitre 2» et *Remarques*, § 17.

classer les idées complexes, sans nécessairement en inférer la
structure du monde extérieur (il y a des choses, et des pouvoirs
d'engendrer en nous des idées, mais *substance* est une
invention des philosophes qui ont besoin d'un support pour
ces pouvoirs (dits *accidents*), dont ils constatent les effets[1]).
Locke refuse de se prononcer lui-même sur l'ontologie dans
les termes classiques qu'il réprouve. Il déplace la question du
champ métaphysique vers le champ physique : « Par la *nature
des idées* donc, il faut entendre ici leurs causes et la façon dont
elles sont produites dans l'esprit, c'est-à-dire quelle altération
de l'esprit constitue cette perception ». Le terme *altération*, qui
remplace celui de *modification* qu'utilise Malebranche,
permet d'éviter les classifications logiques traditionnelles et
de les remplacer par des notations (psycho-) physiques : l'idée
comme effet physique est une altération dans la composition
de la substance :

> Aucun homme ne peut expliquer une altération en quelque
> substance simple que ce soit : toute altération que nous pouvons
> concevoir n'est que l'altération de substances composées et
> cela seulement par transposition d'éléments[2] et la cause de cet
> effet est un mouvement.

> Les idées peuvent être des êtres réels, mais non des substances,
> comme le mouvement est réel bien que ce ne soit pas une
> substance ; et il semble probable que les idées en nous
> dépendent du mouvement dont elles sont un effet[3].

C'est précisément ce genre de « considérations physiques »
qu'il a voulu dès le début de l'*Essai* écarter comme « inoppor-

1. *Essai*, 2.13.19.
2. *Remarques*, § 3. Cf. *Examen*, § 47
3. *Remarques*, § 17.

tunes dans le dessein qu'il poursuivait alors »[1]. L'idée n'est donc pas une modification de l'âme, mais simplement un « objet dans l'esprit »[2] produit par différents mouvements liant la sensation et la perception. Locke peut donc reprocher à Malebranche son incohérence sur le statut ontologique des idées en Dieu : l'idée est-elle une substance (elle devrait l'être puisqu'elle existe même si elle n'est pas perçue) ? Et si ce n'est pas une substance, c'est un mode de Dieu et on ne comprend pas comment on peut percevoir un mode de Dieu[3] : critique paradoxale, mais cohérente avec l'agnosticisme ontologique que Locke soutient résolument[4].

L'idée générale

« Idées exemplaires et archétypes des créatures » disait en troisième lieu Malebranche. Le nominalisme lockien ne peut s'accommoder d'un tel platonisme ; réalité humaine, toute idée est d'abord simple et produite par une chose simple : telle couleur, telle étendue, telle pensée, … ; l'idée complexe est ensuite construite par accumulation d'idées simples ou elle est abstraite des conditions singulières de son apparition, et peut ainsi valoir pour tout phénomène analogue. C'est l'abstraction qui crée l'universel et non l'universel qui permet la saisie des parentés entre singuliers :

1. *Essai*, 1.1.2. où il utilise le même terme *d'altération* ; et la mention de cet argument dans *Réponse aux Réflexions*.
2. *Examen*, § 39.
3. *Examen*, § 17-18 puis 26 et 31.
4. *Remarques*, § 18 : « Excuser donc l'ignorance que j'ai reconnue sur ce que sont nos idées outre des perceptions que nous expérimentons en nous-mêmes, et excuser la voie non-philosophique rébarbative que j'ai suivie (examiner leur production seulement jusqu'où l'expérience et l'observation me mènent, là où ma faible vue ne dépassait pas la sensation et la réflexion) ».

> Celui qui pense que les natures ou les notions générales sont
> autre chose que des idées abstraites et partielles d'idées plus
> complexes, initialement tirées d'existence singulières, aura du
> mal, je le crains, à savoir où en trouver[1].

L'immutabilité des essences n'est donc pas due à leur
préexistence, mais à la stabilité d'un nom, renvoyant à une idée
abstraite, indépendante des changements de la réalité toujours
fluente[2]. Plus, l'abstraction n'est qu'affaire de considération :
l'idée abstraite est une idée de réalité concrète où l'on ne
considère pas les caractéristiques singulières de temps, de lieu,
ni éventuellement les déterminations qui en font un objet de
telle couleur ou dimension :

> Une idée d'un cercle d'un pouce de diamètre représentera tous
> les cercles d'un pouce de diamètre existant n'importe où et
> n'importe quand, et ceci par abstraction du lieu et du temps. Et
> il représentera aussi tous les cercles de quelque taille que ce
> soit par abstraction aussi de cette taille particulière et par la
> conservation de la seule relation d'équidistance de la
> circonférence en toutes ses parties[3].

Le propos est plus net que dans l'*Essai*.

Locke juge la position de Malebranche spécialement
incohérente : les arguments qu'il invoque pour défendre la
priorité de l'universel sont insignifiants, car ils présupposent
une idée-représentation qui serait à choisir en toute indépendance par rapport au réel[4] ; ou, plus gravement, parce qu'ils

---

1. *Essai*, 3.3.9 ; parallèle en *Examen*, [59] fin, [60] et *Remarques*, § 20.
2. *Ibid*, 3.3.20.
3. *Remarques,* § 4. Cf. *Essai*, 2.11.9.
4. Lors d'une perception, nous ne saurions choisir la bonne idée si nous en
avions plusieurs « en magasin » (§ 20). Nous n'avons qu'une idée abstraite du
triangle, alors qu'il y en a une infinité (§ 19).

supposent en Dieu une idée indéterminée, confuse, parce que trop générale : la vision de telle chose singulière n'est donc pas expliquée par l'idée divine. Si nous ne voyons que les archétypes, nous ne voyons pas la réalité déterminée, et l'explication de Malebranche n'explique rien[1].

Malebranche résout en fait la difficulté du passage de l'universel de l'idée en Dieu, au singulier de l'idée vue par l'homme, par la transformation que fait subir l'homme à ce qui est vu. « Tout ce qui est reçu est reçu selon les capacités de celui qui reçoit » disait un adage thomiste ; Malebranche applique cet adage à l'idée : nous voyons l'idée générale mais nous la recevons selon un mode singulier purement humain (accessoirement, mode provoqué par Dieu même à l'occasion de l'apparition de la chose). L'étendue intelligible (et générale) est en Dieu comme idée, mais telle rose est la réception de cette étendue dans la forme de ce que Malebranche appelle *sentiment*, qui revêt l'idée universelle de qualités sensibles déterminant en elle une singularité. Locke ne comprend pas cette distinction, car elle sort de ses catégories : qu'est-ce qu'un sentiment qui ne serait ni acte de percevoir, ni objet perçu. Il comprend d'autant moins, qu'une autre distinction qu'il partage avec Malebranche (entre qualités premières et qualités secondes) brouille pour lui la distinction entre idée et sentiment. Locke admet que la qualité seconde (couleur, odeur) soit uniquement en nous et que la première (étendue, mouvement) soit aussi dans la réalité. Mais il n'admet pas que les deux qualités ne soient pas toutes deux des *idées* : figure et couleur sont vues aussi clairement l'une que l'autre et sont « objets de l'esprit », c'est-à-dire *idées* selon la

---

1. *Examen*, § 21, 22, 28, 29, 33, 37, 52 [59].

définition de Malebranche[1]. Ce point est symptomatique de la différence des philosophies : l'invariabilité interindividuelle de l'étendue, sa généralité, prouvent aux yeux de Malebranche qu'elle ne peut être qu'indépendante de chaque esprit (et donc être idée de Dieu) : nous ne saurions faire aucune différence entre nos idées si elles étaient purement humaines. Pour Locke, tout « objet de pensée » est idée et il revient à chacun d'examiner parmi ces idées celles qui sont « objectives » et celles qui sont « subjectives ». Malebranche classe les objets de pensée en métaphysicien, Locke en « phénoménologue ».

L'analyse des états de conscience est effectivement une pratique plusieurs fois utilisée dans l'*Examen* : et notamment pour s'opposer à l'intellectualisme : nos idées géométriques, celles qui devraient être exemplairement universelles et donc *a priori*, sont en fait élaborées dans l'esprit humain. Passage spécialement intéressant de cet *Examen,* Locke reprend un argument[2] parallèle à celui qui répondait au problème de Molyneux[3]. Il est faux, dit-il, que nous ayons immédiatement l'idée d'un cube régulier ; la première idée est celle que donnent ombres et couleurs, et la rectification que produit l'esprit à partir de ces données engendre une seconde idée, qui devient l'idée « habituelle », une idée qui facilite le jugement et produit une rectification spontanée à chaque nouvelle vision. L'idée singulière a dès lors une fonction analogue à celle du nom : elle incite à former une idée habituelle chaque fois qu'apparaissent les couleurs et les ombres habituellement associées. Outre sa fonction polémique, ce propos a l'intérêt d'éclairer d'un jour nouveau le passage de l'*Essai* sur le pro-

1. *Examen*, § 38, 40, 41, 54.
2. *Examen*, § 12.
3. *Essai*, 2.9.8.

blème de Molyneux, en insistant sur la différence entre la « véritable » idée, issue de la première sensation et l'idée « que nous avons », idée qui, par habitude, anticipe sur la perception et la structure implicitement (comme le fait le nom, qui structure l'attention). L'*a priori* est construit et non reçu. Hume n'avait plus grand chose à ajouter pour mettre en valeur la place de l'habitude dans la constitution des vérités nécessaires.

La démarche de Locke est donc exactement inverse de celle de Malebranche : pour lui, le rapport de l'universel au singulier s'appuie sur le singulier : dans une idée complexe (faite de la juxtaposition de plusieurs idées simples), l'esprit sépare les idées qui ne conviennent pas aux objets similaires et il obtient une idée abstraite et générale qui n'a que la permanence conférée par un nom, nom qui sert de lien entre les idées éparses ; la difficulté pour Locke sera d'expliquer d'où vient cette conscience de la similitude si rien n'associe *a priori* des objets différents. Malebranche au contraire part de l'idée générale et la particularise par l'ajout de déterminations successives jusqu'à la singularité de telle chose concrète ; la difficulté est pour lui de rendre compte de ce processus de particularisation, dans la transition entre l'esprit divin et l'esprit humain.

La vision en Dieu

La quatrième thèse de Malebranche (et d'Augustin) est celle qui attire le plus de critiques de la part de Locke. D'abord du point de vue de l'utilité de la thèse, ensuite du point de vue des conséquences de cette thèse pour la conception de Dieu et de l'homme.

Si les idées ne sont pas d'emblée générales et immuables, il n'est pas nécessaire de les placer en Dieu. La première preuve de Malebranche est déficiente : il l'établit non pas positivement, mais négativement, en prétendant avoir éliminé les autres justifications de l'idée ; argument qui ne serait valable que si Malebranche était certain d'avoir éliminé toute autre conception, et de proposer une interprétation meilleure que l'aveu d'ignorance[1].

Malebranche reconnaît que nous ignorons le véritable processus qui gouverne la vision des choses matérielles : nous voyons, dit-il, les choses en Dieu parce que Dieu a décidé de nous les faire voir. Ce décisionnisme divin n'est pas contredit par Locke : pour lui aussi tout dépend de la décision divine, mais celle-ci n'est pas située au même lieu. Dieu ne décide pas au cas par cas, à l'occasion de l'apparition de telle chose dans le champ sensoriel de tel homme ; cela nécessiterait des interventions multiples, et rendrait inutile la complexité des organes sensoriels (que l'anatomie découvre alors) : toutes interprétations contraires au principe de simplicité des voies cher à Malebranche. Il est plus conforme à la toute-puissance créatrice et à la simplicité divine d'imaginer que Dieu institue par création une relation entre sensation et perception mentale : chaque fois que les pouvoirs de la chose produisent dans la sensibilité un effet, ces effets sont véhiculés au cerveau qui produit une idée en lien avec la chose. Il n'est même pas nécessaire d'invoquer une glande pinéale ou des esprits animaux ; il suffit de s'en remettre à la volonté de Dieu – volonté dont on ignore l'application, volonté générale comme le souhaite Malebranche – mais qui ne se soumet pas à l'occasion de telle manifestation particulière comme Malebranche le pense[2]. « Dans les deux cas, c'est la volonté de Dieu

1. *Examen*, § 2, 8.
2. *Examen*, § 15-16 ; cf. *Remarques*, § 12-15.

qui donne l'union [du corps et de l'esprit] et la perception ; mais la manière dont s'accomplit cette perception dans chaque voie me semble également incompréhensible »[1].

Malebranche utilise une deuxième preuve négative, que tente de réduire son critique : les choses matérielles ne peuvent être objets de l'esprit puisqu'elles sont de nature différente. La difficulté était déjà à la source de la théorie aristotélicienne de la forme (la forme est dans la chose ce qui est d'ordre intelligible et l'esprit peut ainsi percevoir la chose à travers cet aspect intelligible) ou de la théorie néo-épicurienne (puis scolastique) des espèces (formes) sensibles, (copies de la chose matérielle, émises par lui et reçues par l'esprit). Malebranche prétend simplifier le passage de la matière au mental, passage nécessaire à la perception, en mettant les formes (idées) en Dieu où nous pourrions les voir. Locke préfère en rester à la conception corpusculaire (présentée comme la moins mauvaise dans l'*Essai*) qui s'installe dans les mentalités de son temps : des corpuscules, sans « forme » déterminée, frappent les organes des sens et le jugement, associé à l'habitude, reconstitue l'idée de l'objet à partir du mouvement transmis (on ne sait comment) du sens à l'esprit. Un des intérêts de notre *Examen*[2] est que Locke y explicite plus sa conception des mécanismes de la perception qu'il ne le fait dans l'*Essai*.

La vision des idées en Dieu donne aussi une image faussée de Dieu. Quel est en effet ce Dieu et son rapport aux idées ? L'argumentation de Locke s'étale sur les longues dernières sections de l'*Examen* ; elle est serrée, multiforme, mais appuyée sur une conception de Dieu radicalement opposée

---

1. *Examen*, § 42 fin.
2. *Examen*, § 9-14

à celle de Malebranche : pour Locke, l'idée de Dieu est celle d'un être dont nous construisons l'idée par extrapolation à partir de l'expérience, alors qu'il n'y a pas d'idée de Dieu pour Malebranche, mais « on le connaît par lui-même, quoique la connaissance que l'on a en cette vie soit très imparfaite[1]. Concevoir Dieu comme l'Universel, principe de l'existence mais aussi principe de la connaissance des réalités singulières, c'est confondre selon Locke l'efficace descendante de la création et la logique ascendante de la connaissance. Or cette confusion est impossible car la création sépare Dieu et les objets créés, qui ne sont plus en Dieu (sauf à verser dans le spinozisme, accusation faite parfois à Malebranche) : la connaissance ne peut remonter de créatures séparées à leur idée en Dieu, (si ce n'est à travers l'efficace ou le dessein divins retrouvés dans l'ordre des choses et non dans les choses-mêmes). La représentativité ne peut être identifiée à l'efficace – et c'est sans doute ici que réside la différence essentielle entre platonisme et empirisme croyants. Un texte pose l'essentiel

> Je ne comprends pas … de quelle manière Dieu contient toutes choses en lui. Ce ne peut être que [de deux manières]. Soit comme un agrégat contient tout ce dont il est fait – en ce cas on peut certes voir celle de ses parties qui est à portée de notre vue,

---

1. *Recherche*, III, II, VII, § II. Cette imperfection de la connaissance de Dieu sur terre est minorée par Locke, qui parle de *vue directe et immédiate*, *Examen*, § 50 [43]. La distinction entre ordre de découverte et ordre ontologique est particulièrement nette et définit bien la méthode empiriste : cf. *Remarques*, § 6 : « L'argument selon lequel nous avons une idée de l'infini avant l'idée de fini, parce qu'on conçoit l'être infini en concevant simplement l'être, sans considérer s'il est *fini* ou *infini*, je vous laisserai le soin de considérer si ce n'est pas une confusion entre la priorité de nature et la priorité de conception ».

mais cette manière de *tout contenir* ne peut à aucun prix appartenir à Dieu : faire que les choses soient visibles en lui, c'est faire du monde matériel une partie de lui. Soit [encore] comme doté du pouvoir de tout produire – en ce cas il est vrai de dire que Dieu contient toutes choses en lui-même, mais d'une manière inadaptée à rendre l'être de Dieu représentatif de ces choses pour nous, car alors son *être,* étant représentatif des effets de ce pouvoir, devrait nous représenter tout ce qu'il est capable de produire, ce qui n'est pas ce que je constate pour mon cas[1].

Malebranche raisonnera d'ailleurs aussi dans ce contexte, puisqu'il tentera de résoudre l'opposition entre universalité de Dieu et singularité des choses perçues[2], en faisant appel à l'efficace divine : « il n'y a que lui qui pénètre l'esprit et se découvre à lui » disent les quatre premières éditions de la *Recherche* et les suivantes corrigent : « il n'y a que lui qui puisse agir et se découvrir à [l'esprit] et, en outre, il crée en moi le sentiment correspondant ». Au fur et à mesure des éditions, d'ailleurs, Malebranche accentuera le vocabulaire de l'efficacité aux dépens de celui de la vision[3]. Une étonnante confirmation des propos de Locke ! L'activité divine devient primordiale et l'esprit est totalement passif dans l'intuition qui le fait participer aux idées divines et dans leur particularisation progressive depuis l'idée générique d'être jusqu'à la perception de telle chose singulière.

Mais l'activité de Dieu et la totale passivité de l'homme rebutent tout autant Locke. Sur la place de ce que l'on a appelé

---

1. *Examen*, § 45 (fin [51]).

2. Opposition que Locke maintient constamment, malgré les explications de Malebranche : *Examen*, § 52 [61] fin.

3. A. Robinet, *Système et existence dans l'œuvre de Malebranche*, Paris, Vrin, 1965, p. 267-270 ; cité par D. Moreau, *Malebranche, op. cit.*, p. 70.

les causes secondes, l'opposition est radicale. Malebranche pense selon Locke que Dieu agit à l'occasion d'autres événements : il produit en l'homme l'idée correspondant au phénomène – et cette théorie aurait pour avantage de ne pas faire dépendre l'esprit humain des réalités matérielles. Mais la complexité du processus est dénoncée par le critique et plus encore l'irresponsabilité de l'homme et la toute puissance exclusive de Dieu : l'image de Dieu qui en résulte est celle d'un potentat incapable de déléguer à ses créatures la moindre efficace et la moindre responsabilité. Locke a recours à l'image devenue célèbre de l'horloger :

> Oui, disent-ils, les mouvements sont les causes occasionnelles, mais pas les causes efficientes, car elles n'ont pas la possibilité de l'être. Ceci revient à dire que Dieu a donné à ce mouvement dans le nerf optique le pouvoir d'agir « sur Lui-même », mais qu'Il ne peut pas lui donner le pouvoir « d'agir sur l'esprit de l'homme » : ... sous prétexte que tout pouvoir est originellement en Lui, ne peut-Il rien en communiquer à ses créatures ? C'est donner des limites bien étroites aux pouvoirs du Tout Puissant ; et sous prétexte de les accroître, les supprimer. Car (je vous en prie et dans la mesure où nous pouvons comprendre), quel est le pouvoir parfait de faire une machine (une montre par exemple) : celui qui, une fois que l'horloger s'est retiré, fait marcher ses aiguilles et la fait sonner grâce à la bonne conception de ses pièces ; ou celui qui exige que celui-ci frappe lui-même les douze coups chaque fois que l'aiguille indique l'heure et avertit ainsi l'horloger. Aucune machine faite par Dieu ne marche d'elle-même ; pourquoi ? Parce que les créatures n'ont aucun pouvoir, ne peuvent non plus se mouvoir, ni rien faire d'autre ?[1].

---

1. *Remarques*, § 14. Cette conception provoque une nouvelle fois l'assimilation du système de Malebranche au spinozisme, cette fois du fait de la

Cette passivité dans l'agir se double d'une passivité dans la connaissance[1] (§15) ; l'usage intensif de la métaphore de la vision trahit la conception « illuministe » ou enthousiaste qui sous-tend le propos de Norris et, derrière lui, de Malebranche : le long final sur le sens du terme *raison* (§ 52) en témoigne. L'univocité de la raison est présupposée par Malebranche et par tout le mouvement néo-platonicien : l'homme est *illuminé* par la raison divine et la raison humaine doit *participer* toujours plus à la raison divine ; la raison est alors comprise comme le *logos* qui structure l'univers parce qu'elle est la nature même du créateur ; Dieu est raison, et l'homme y participe en voyant[2]. Cette conception est critiquée dans le livre 4 (17-19) de l'*Essai*, à travers une distinction des différents sens de raison, et une critique de la conception enthousiaste qui réduit la raison au voir de l'intuition. Le chapitre 19 (tardivement ajouté) contre l'enthousiasme et le § 52 de l'*Examen* sont en harmonie, quand ce dernier texte ironise en imaginant un Dieu qui syllogise et compare les idées entre elles : nous n'avons pas la connaissance de Dieu : « Dieu m'a donné un entendement qui m'est propre et j'estimerais présomptueux de ma part d'aller supposer que j'appréhende quoi que ce soit par l'entendement de Dieu, que j'ai vu par ses yeux ou que j'ai eu part à sa connaissance ». S'il y a illumination, (ou *Enlightenment*, *Aufklärung*, *Lumières*), c'est par la médiation de l'enten-

---

nécessité gouvernant la nature. Nous avons ici une des rares références explicites à Spinoza sous la plume de Locke.

1. *Recherche*, III.II.III. Il faut distinguer la passivité dans la connaissance (refusée) de la passivité dans la sensation (défendue par Locke contre Malebranche) ; nous ne pouvons vouloir avoir des idées sensibles, contrairement à ce que prétend Malebranche dans sa critique de l'empirisme (Malebranche : *Recherche*, III.II.III ; *O.C.*, p. 427 et Locke : *MS Recherche*).

2. *Recherche*, Éclaircissement X, *O.C.*, p. 29.

dement humain; le tort de la pensée de Norris (et de Malebranche) est d'attribuer au seul orgueil humain et à la prétention d'«être sa propre lumière», ce que Dieu attend de l'initiative de ses créatures:

> Comme s'il n'y avait aucune différence entre «l'homme est sa propre lumière» et «l'homme ne voit pas les choses en Dieu»! L'homme peut être illuminé par Dieu, même s'il ne voit pas toutes choses en Dieu[1].

Ce faisant Locke détermine plus qu'il ne le fait dans l'*Essai* le sens des termes utilisés: la raison au sens strict est le raisonnement, et l'entendement est la perception intellectuelle – qui se réalise entre autres dans l'intuition; l'intuition divine et l'intuition humaine sont distinctes et donc les entendements le sont aussi[2].

Le rapport des idées et des choses

Malebranche distingue quatre cas: de Dieu, de mon âme et de l'âme des autres, je n'ai pas besoin d'idée[3]; seules les choses matérielles ont besoin d'idée pour être humainement connues car seules elles ne peuvent être présentes comme telles à l'esprit: leur réalité est incompatible avec la nature de l'esprit.

Cette distinction est critiquée par Locke en deux temps: d'abord une connaissance sans idée est impossible, puisque

---

1. *Remarques*, § 34 (et dernier).
2. Cette vision est sans doute restreinte, à la fin du texte que commente Locke, aux choses matérielles; mais les différences avec les autres genres de «choses» (les âmes, dont la mienne, et Dieu) sont injustifiées aux yeux de Locke. Locke, s'il traite de l'étendue, ne pend pas en compte l'évolution de la pensée de Malebranche sur l'étendue intelligible.
3. Et même s'il y a des idées de Dieu (*Recherche*, III,II,VI, etc.)

l'idée est l'élément nécessaire de toute mise en relation – relation qui constitue la connaissance ; ensuite la connaissance médiate des corps suppose qu'on ne les voie jamais pour eux-mêmes, ce qui rend impossible une connaissance véritable. On pourrait penser que cette deuxième critique ne peut être portée par Locke contre Malebranche : pour lui aussi, l'idée est une représentation médiatisant le rapport entre la chose et l'esprit : elle « masque » la chose, qui n'est pas vue en elle-même ; c'est au moins la critique de ceux qui s'opposent à l'idée comme « représentation ». Mais pour Locke, la chose a au moins un effet direct sur la sensibilité : il existe un rapport immédiat entre la chose et la sensation. La médiation n'intervient que dans la transmutation de données sensorielles en données intellectuelles. Cette transmutation que Malebranche met en Dieu, Locke la met en l'homme. Dieu intervient aussi mais dans la constitution des organes humains, faite une fois pour toutes et non par une intervention à l'occasion de chaque perception.

Locke critique donc le rapport chose-idée de Malebranche, non pas en ce qu'il estimerait que la chose est immédiatement perçue, mais en ce que, étant posé qu'il y a une représentation, la situer en Dieu sépare radicalement chose et objet et fait dépendre le rapport d'une décision divine au coup par coup[1].

---

1. H.E. Matthews, « Locke, Malebranche and the representative theory », The *Locke Newsletter* n° 2, p. 12-21 : Locke répond à la conception de Malebranche selon laquelle l'idée est en Dieu une pensée de la chose, représentée dans l'esprit par le sentiment ; il y a donc trois instances et deux relations ; c'est contre cette conception que Locke affirme que l'on ne peut voir le rapport entre la chose et l'idée : il ne critique donc pas ce faisant la théorie de la représentation où l'idée serait directement l'effet de la chose (comme elle l'est pour lui) et rendrait opaque le rapport puisqu'on ne verrait que l'effet de la chose et pas la chose – et donc ne se contredit pas. Cf. *Remarques*, § 2.

MÉTAPHORE

Outre les critiques de fond, portant sur ces quatre dimensions de l'idée malebranchiste, Locke critique aussi la forme même du raisonnement – et les deux critiques sont liées. Malebranche utilise des termes comme *Voir, pénétrer, s'unir intimement*... De tels termes de physique seraient innocents s'ils n'étaient que métaphores, mais ils induisent une conceptualisation qui privilégie l'immédiateté. Autant ces termes ont un sens pour des objets matériels, étendus, autant ils sont vides dans le domaine mental et ne conviennent donc pas à une pensée claire dans ce champ[1]. Locke développera son analyse sept ans plus tard dans le chapitre sur l'enthousiasme ajouté à la quatrième édition : la vision est une métaphore, qui évite l'usage de la raison et remplace le raisonnement rigoureux par la révélation immédiate (4.19.5)[2]. C'est

> un fantasme puissant ... [qui] emporte facilement tout avec lui quand il est mis au-dessus du sens commun, quand libéré de toute entrave de la raison et de tout contrôle de la réflexion, il est élevé au rang d'autorité divine avec le concours du caractère et des inclinations personnels. (4.9.7).

CONCLUSION

L'intérêt des notes de lecture que l'on a rassemblées dans ce volume tient à leur absence d'apprêt : écrites pour l'auteur

---

1. *Examen*, § 5, 19, 43 [49], 44. De même que pour la vision, Locke anticipe sur les corrections ultérieures de Malebranche : au § 5 il critique le terme de *proportion* et Malebranche le remplacera dans les éditions ultérieures par *rapport*. Locke, pas plus qu'un autre penseur ne peut évidemment s'exempter totalement du procédé qu'il dénonce chez Malebranche.

2. *Cf.* A. Arnauld, *Des vraies et des fausses idées, op. cit.,* chapitre 4, éd. D. Moreau (à qui est due cette référence) p. 39-40.

avant d'être écrits pour un lecteur, elles prennent moins de précautions oratoires et livrent plus directement la pensée spontanée de l'auteur, au risque de l'imprécision ou de la contradiction, qu'évitent des textes plus policés. Ceci est sans doute plus vrai des *Remarques* que de l'*Examen* qui a été corrigé, et dont la publication a été envisagée. La conception de l'idée comme perception, comme altération dans l'agencement de corps complexes, le statut de l'idée abstraite comme considération partielle d'une idée singulière sont dits en termes plus nets dans *Some other thoughts* que dans l'*Examen* ou dans l'*Essai* même. La lecture de ces manuscrits a donc sa place dans l'étude la théorie de l'idée comme représentation, ce que Berkeley appelait le « voile des idées » ; elle a aussi sa place dans l'étude de Locke, aux côtés de tous les textes qui entourent l'*Essai*. Mais, plus que l'*Essai*, l'*Examen*, par sa brièveté, met en relation la conception de l'idée et la dimension pratique de la philosophie de Locke : il n'y a pas d'accès immédiat aux vérités éternelles, confondues avec les idées par ceux qui y voient plus que des actes de perception. Le retour à l'expérience, à la sensation et à la réflexion, origines de tout savoir, amène à reconnaître que tout savoir est construit à partir de la sensation. La sensation seule est donnée à l'esprit humain[1] : il est de sa responsabilité de construire le savoir ou d'accepter après examen ce que les autres ont construit. Le « sapere aude » des Lumières est à l'œuvre chez Locke déjà ; le rapport à la politique, le rapport à la religion, sont désormais resitués en terme de « construction ». Malebranche défend une version opposée de l'intelli-

---

1. L'esprit est donné progressivement à l'homme à travers son éducation, et ne vient pas comme pour Hume de la sensation-même : les formes de l'entendement individuel sont « normalement » universelles.

gence, qui est de nos jours mieux reconnue, depuis que l'idéal des Lumières a dégénéré en dictature de la raison utilitaire et de la prétention trop humaine : il devient évident que l'homme ne peut tout reconstruire rationnellement, qu'il est situé dans un monde qui le précède et le constitue ; la raison est d'ordre intuitif plus que déductif ; elle exige la saisie d'un ordre qui précède. Il reste que cette mise en valeur de l'écoute, de l'accueil, de l'intuition ne doit pas faire oublier les dangers de l'illusion qui guette tout esprit passif, qui délaisserait l'apport de l'âge de la critique que furent les Lumières. La « sécularisation » a séparé en domaines distincts ce que l'intuition percevait spontanément comme associé : le pouvoir du roi était associé au pouvoir de Dieu, le monde était plein de dieux, la nature était sacrée. L'évolution des idées a manifesté la relativité des intuitions immédiates. Il n'est désormais plus évident qu'il faille croire, et l'on a à rendre raison de sa croyance, aux autres comme à soi-même, comme l'on a à discuter des choix politiques et éthiques dans un monde où le bien commun n'est plus évident. Le débat Locke-Malebranche ne nous est pas totalement étranger.

PRINCIPES D'ÉDITION

Quatre textes sont réunis dans cet ouvrage. Ils portent tous, directement ou indirectement, sur le troisième livre (seconde partie) de la *Recherche de la Vérité* de Malebranche (qui traite de la nature des idées) et la plupart a été évidemment suscitée par les livres de John Norris, son disciple. Deux textes (l'*Examen* et les *Remarques*) ont été publiés de manière posthume peu après la mort de Locke, et repris en français ensuite ; un troisième texte (*Réponses aux Réflexions*) n'a été publié pour la première fois qu'en 1971 (voir bibliographie) et le quatrième (une simple note de lecture de quelques pages de la *Recherche*) n'a jamais été publié. Ces deux derniers textes sont traduits pour la première fois. Tous ces manuscrits sont actuellement disponibles dans l'excellente édition critique en version numérisée du *Digital Locke Project*[1] de Paul Schuurman, qui prépare la publication du volume 3 des œuvres de Locke concernant l'entendement humain[2]; et nous lui devons d'avoir pu utiliser comme base de traduction son travail aussi bien sous forme numérisée que sous forme d'épreuves; qu'il en soit ici remercié.

La traduction de l'*Examen* reprend, en grande part, la traduction de Jean Pucelle (Vrin, 1978), remarquable d'élégance; des corrections ont parfois été apportées. Certains paragraphes du manuscrit (au début du texte surtout) avaient été délaissés dans toutes les éditions imprimées, les exécuteurs testamentaires ayant écarté tout ce qui concernait de trop près la querelle personnelle avec Norris; l'édition qui suit veut reprendre l'ensemble du dossier et inclut donc ces allusions qui éclairent le contexte de la lecture lockienne de Malebranche: on les trouve avec leur numérotation propre entre [ ], et cette numérotation entre crochets se poursuit dans tout le texte selon la numérotation du manuscrit. Des coupures de paragraphes existaient dans le manuscrit, qui n'ont pas été reprises dans l'édition imprimée: elles sont ici reprises avec la numérotation entre [ ] qui leur correspond; d'autres coupures de paragraphes ont été ajoutées quand elles facilitaient la lecture (sans modification de la numérotation initiale). J'ai ajouté des intertitres entre { } pour faciliter la lecture en soulignant les thèmes abordés dans les diverses parties de ce

---

1. http://www.digitallockeproject.nl/
2. Volume 3, edited by P. Schuurman, Oxford, Clarendon Press, The Clarendon edition of the works of John Locke, à paraître.

texte, texte qui suit sans doute l'ordre des propos de Malebranche, mais qui introduit aussi des critiques, indépendantes des questions traitées par Malebranche. Pour faciliter le repérage des référents des pronoms, parfois obscurs, j'ai eu recours à la vieille tradition de mettre une majuscule aux pronoms désignant Dieu. Les corrections significatives faites en un second temps par Locke sur son manuscrit sont données en notes, appelées par des lettres ; pour les repérer, je m'appuie une nouvelle fois sur le travail de Paul Schuurman. Un autre groupe de notes appelées par des chiffres donne les références aux textes de Locke, Malebranche ou Norris et quelques clarifications, qui ont été confrontées à celles de P. Schuurman. Ces principes d'édition (utilisés également pour les trois textes suivants) sont analogues à ceux qui ont été utilisés pour la traduction de l'*Essai* que j'ai réalisée chez ce même éditeur.

Les trois autres textes (*Recherche*, *Remarques sur certains des livres de M. Norris*, *Réponse aux* Réflexions *de M. Norris*) sont traduits à nouveaux frais. Il a fallu parfois interpréter de simples notes de lecture rédigées de façon allusive et en tous cas en un style moins travaillé que les œuvres publiques. Ce manque d'apprêt est aussi un avantage : la pensée y est moins policée et Locke exprime ses positions avec plus de netteté. On y trouve donc un complément utile à l'*Essai* sur la question de l'idée et de son statut, sur la conception du rapport entre l'homme et Dieu, ainsi que sur diverses questions annexes.

Les textes sont classés selon leur intérêt décroissant pour l'œuvre même de Malebranche (et l'intérêt croissant pour Norris) : les brèves notes de lecture de la *Recherche* (peut-être le manuscrit le plus tardif) ouvrent le recueil, suivi des deux textes déjà publiés dans les œuvres posthumes (*Examen* et

Remarques) qui portent sur Malebranche à travers l'œuvre de Norris, et il est clos par la courte critique de Norris lui-même.

L'ensemble de cet ouvrage a bénéficié de remarques précieuses de Denis Moreau, de Jean-Christophe Bardout et de Matthieu Haumesser. Leurs observations m'ont permis d'éviter certaines erreurs ou maladresses (sans doute pas toutes!) et je tiens à les remercier ici de leur aide compétente et amicale.

Jean-Christophe Bardout, aguerri dans l'édition et l'étude de Malebranche, a accepté de clore cette édition par une postface analysant la critique de Locke du point de vue des positions authentiques de Malebranche, décelant ainsi les contre-sens, les déplacements d'accents dont est responsable l'empiriste, mais révélant aussi les difficultés réelles qui grèvent la systématisation de l'oratorien.

Je l'en remercie vivement.

Jean-Michel Vienne
Juin 2013

LOCKE

RECHERCHE [1]

Livre 3, p. 190

Chapitre 1

> *Les choses matérielles « étant étendues et l'âme ne l'étant pas, il n'y a point de proportion entre elles » ; et donc elles ne peuvent être unies ; et donc l'âme ne peut les voir [2].*
>
> Question : Comment peut-on voir la figure et la masse en Dieu ? Car aucune de ces idées en Dieu ne peut être sans étendue.

---

1. Ms c.28, fol 159. Édition dans *Digital Locke Project*, reprise dans les *Drafts,* vol. 3. Texte non daté – daté par Schuurman de 1693, date confirmée par les parallèles textuels avec *Examen*, daté de 1693 également. Il se présente en trois colonnes la première pour les références des textes de Malebranche, la seconde pour les citations, la troisième pour les commentaires de Locke, différence rendue ici par l'indentation des trois séries. Pour accroître la lisibilité, les citations ou les thèses de Malebranche auxquelles répond Locke sont reprises en *italique*. Les textes de Malebranche sont donnés entre « » quand les citations sont littérales.

2. *Recherche*, III.II.I § 1 ; *O.C.*, p. 417 (1re – 4e éditions qui écrivent *proportion* corrigé ensuite en *rapport*). Cf. *Examen*, § 3 [7].

L'âme ne peut être unie à la matière ; mais il préfère la supposer unissable à Dieu, ce qui est pourtant aussi difficile à concevoir que l'autre [union] et exige autant une explication[1].

Ils ne peuvent être unis de telle façon que l'esprit puisse les percevoir[2].

Quelle est cette façon de s'unir, cela demande explication. En attendant, je pense que nous pouvons dire qu'une chose, unie à l'esprit de quelque manière que ce soit, est unie de la manière nécessaire à la production dans l'esprit de toute perception que Dieu l'a destinée à produire[3].

« Outre que nos âmes se sortent point du corps pour mesurer la grandeur des cieux et par conséquent elles ne voient les corps de dehors que par les idées qui les représentent »[4].

D'accord[5].

Les idées des objets que nous ne percevons pas par eux-mêmes[6].

Quels sont-ils[7] ?

---

1. Cf. *Examen*, § 7 [11].
2. Cf. *Examen*, § 5 [9].
3. Cf. *Examen*, § 3 [7] – 5 [9].
4. *Recherche*, III.II.I § 1 ; *O.C.*, p. 417. L'original dit « …ne *peuvent* voir… ».
5. Cf. *Essai*, 2.8.11 ; *Examen*, § 30 [35].
6. *Ibid.* § II.
7. On aurait pu aussi traduire « Quelles sont-elles ? »

Chapitre 2, page 193

Les idées sont des êtres réels et spirituels, réels parce qu'elles ont des propriétés réelles, spirituels parce que personne ne peut en douter[1].

Oui, mais comme le mouvement, qui est réel et [qui est] la grande efficace de la nature : il n'a pourtant pas d'existence durable, mais cesse aussitôt qu'il existe[2].

Les idées ne sont pas des substances, mais une chose spirituelle[3].

Ce ne sont pas non plus des modes, car elles sont en Dieu et nous les y voyons. J'en appelle donc à mon lecteur : cette hypothèse n'est-elle pas à préférer pour sa facilité à la comprendre ; elle est expliquée par des êtres réels qui ne sont ni des substances ni des modes[4] ?

1. *Ibid.* III.II.III ; *O.C.*, p. 423 : « Personne ne peut douter que les idées sont des êtres-réels, puisqu'elles ont des propriétés réelles,… On ne peut aussi raisonnablement douter qu'elles ne soient spirituelles, et fort différentes des corps qu'elles représentent ». Cf. *Examen*, 17 [21].

2. Cf. *Remarques*, § 17.

3. *Ibid.* ; *O.C.*, p. 424 : « Que si on dit, qu'une idée n'est pas une substance, je le veux ; mais c'est toujours une chose spirituelle ».

4. Reconstitution ironique de l'argument étendu sur plusieurs chapitres. Depuis « elle est expliquée… » : ajout dans le manuscrit. Cf. *Examen*, § 18 [22].

Chapitre 2, [pages] 194 – 196

> *Les idées des sens et de l'imagination distinguées des idées*
> *de pure intellection ; par exemple, l'idée d'un carré dans*
> *l'imagination et l'idée d'un carré que l'on conçoit par*
> *pure intellection* [1].

J'aimerais connaître la différence entre elles ; celles que donne l'auteur sont nulles.

Page 195

> *Les idées sont des choses réelles qui existent quand elles ne*
> *sont pas perçues* [2].
> « *Dès que l'objet est présent, les hommes le voient* » [3].

Question : quelle est cette présence ?

> « *De ce que les idées sont présentes à leur esprit dès qu'ils*
> *le veulent, ils devraient seulement conclure, que selon*
> *l'ordre de la nature, leur volonté est ordinairement*
> *nécessaire, afin qu'ils aient cette idée* » [4].

C'est une fondation erronée par les causes occasionnelles, sur laquelle cette hypothèse ne tiendra pas. Car, premièrement, la volonté n'est pas ordinairement nécessaire pour avoir des idées :

1. *O.C.*, p. 425-426.
2. *Ibid.*, p. 427. Citation sans commentaire de Locke.
3. *Ibid.*, p. 427 : « Car n'étant pas possible de voir les objets par eux-mêmes, mais seulement leurs idées ; ils jugent que l'objet produit l'idée : parce que, dès qu'il est présent, ils le voyent : dès qu'il est absent, ils ne le voyent plus ; & que la présence de l'objet accompagne presque toujours l'idée qui nous la représente ».
4. *Ibid.*, p. 428 ; Cf. *Examen*, § 45 [52], où Locke parle de désir et non de volonté.

chaque jour, chacun expérimente l'arrivée d'un grand nombre d'idées (en dehors de celle des sensations réelles) en son esprit, sans qu'il le veuille. En outre, beaucoup n'ont pas les idées qu'ils *veulent*. Ce qui montre que la volonté n'est la cause occasionnelle de la venue d'aucune idée dans le souvenir ; autrement en effet, personne ne pourrait avoir de mauvaise mémoire : désirer retrouver une idée passée serait la cause occasionnelle (si c'était la vraie cause). Si Dieu avait établi cet ordre et s'il agissait en accord avec lui, il devrait produire l'idée dans l'esprit de l'homme qui le veut, avec autant de régularité qu'il meut une boule, à l'occasion d'une autre qui dans son mouvement la trouve sur son chemin.

Chapitre 5, page 192

Dieu a créé le monde selon les idées qu'il avait. Ces idées sont Lui-même et donc toutes les créatures, même les matérielles sont en Dieu mais d'une manière spirituelle[1].

Cette manière spirituelle n'induit, je le crains, absolument aucune idée positive ; elle signifie seulement que les créatures matérielles sont en Dieu de façon non matérielle.

---

1. *Ibid.*, IIII.II.V ; *O.C.*, p. 434-435 : « Il est indubitable qu'il n'y avait que Dieu seul avant que le monde fût créé, & qu'il n'a pu le produire sans connaissance & sans idée : que par conséquent ces idées que Dieu en a eues ne sont point différentes de lui-même & qu'ainsi toutes les créatures, même les plus matérielles & les plus terrestres, sont en Dieu, quoi que d'une manière toute spirituelle et que nous ne pouvons comprendre ».

EXAMEN DE L'OPINION DU P. MALEBRANCHE :
LA VISION DE TOUTES CHOSES EN DIEU [1]

J. Locke, Sur « la vision de toutes choses en Dieu », 1693.

{Norris et Malebranche}

[1][a]. Il est des gens qui sont si fiers de leur savoir qu'ils ne peuvent supporter l'idée d'ignorer quoi que ce soit, notamment sur les questions qu'il estiment dignes de leur considération et de leur labeur d'écrivain, occasion pour eux de donner au monde un échantillon de leur génie et de leur pénétration. Moi, qui suis tout prêt à accorder à chacun tous les honneurs qu'il attend, je ne trouve pas étrange qu'ils soient satisfaits de leurs thèses ; je ne suis pas étonné qu'ils soient assurés de l'exacte

---

a. Paragraphe du manuscrit, non repris dans l'édition imprimée. La numérotation des paragraphes entre [ ] est celle du manuscrit, l'autre numérotation est celle de l'édition posthume. Je propose les intertitres entre { }

1. Manuscrit d. 3, p. 1-86. Édition dans *Digital Locke Project*, reprise dans les *Drafts*, vol. 3. Le titre qui précède est celui de la première publication dans *Posthumous Works of Mr. John Locke*, London, A. and J. Churchill, 1706 ; le titre et la date qui suivent sont ceux du manuscrit, écrit par un secrétaire et corrigé par Locke.

correspondance des choses avec ce qu'ils imaginent, qu'ils soient satisfaits de leur vision personnelle, claire et complète des choses, et de leur façon de les expliquer. Mais, quand ils font de leur entendement la mesure de celui des autres, quand on n'a pas le droit d'avouer son ignorance sans leur autorisation, alors on est amené à passer au crible leurs hypothèses, pour savoir s'il faut admirer la clarté de cette démonstration qui balaie tout ce qui a précédé, ou regretter l'insolence qui les pousse à imposer leurs hypothèses et attendre la soumission et l'accord de chacun.

1 [2]. Le pénétrant et talentueux auteur de la *Recherche de la* Vérité, au milieu de beaucoup de très belles pensées, de judicieux raisonnements et de réflexions originales, a avancé dans cet ouvrage la théorie d'une *vision de toutes choses en Dieu*, comme la meilleure manière d'expliquer la nature et le rôle des idées dans l'entendement. [a]-Et j'avoue que cette hypothèse ingénieuse ou n'importe quelle autre qui viserait à nous éclairer en cet état de ténèbres, offertes sans emphase comme une aide pour mieux pénétrer la nature et les causes des choses ainsi que leurs modes opératoires, vaudront à leurs premiers inventeurs une grande reconnaissance, pour peu que la recherche impartiale de la vérité en soit le principe.-[a]

[3][b]. Mais je ne sais pas ce que l'on doit à ceux qui, sous couvert d'infaillibilité, récupèrent ce que d'autres ont publié et qui s'instituent dictateurs de la Communauté du savoir, avec une autorité qui ne souffre pas que nous, pauvres chercheurs et sous-ordre, écrivions à notre façon et comme nous en

---

a. Cette fin du paragraphe est absente des premières éditions imprimées et remplacée par la fin du paragraphe [5] ci dessous.

b. Paragraphe absent des premières éditions imprimées.

sommes capables. Tel ouvrage ne peut être un *Essai* sans leur permission, alors que le dessein et la présentation de l'ouvrage n'en faisaient rien d'autre ; il faut qu'il tombe sous leur critique acerbe, comme s'il transgressait les lois et méthodes de la rédaction, sous prétexte qu'il ne contient pas tout ce qu'ils exigent[1]. Et d'une façon qu'ils imaginent et que j'ignore, ces grands maîtres trouvent en eux la capacité de traiter radicalement de tout et d'épuiser toute question dont ils se saisissent, jusqu'à évacuer l'infinité et nous dire avec assurance ce que peut ou ne peut pas faire la Toute-Puissance et quelles sont les seules voies que peuvent utiliser la sagesse et le pouvoir de Dieu pour mener à bien Son dessein dans les créatures[2].

[4][a]. On peut croire que leur propre suffisance leur garantit cette capacité : ils l'exigent en effet des autres avec tant de rigueur et ils estiment si impardonnable qu'un auteur (qui avoue la faiblesse de sa connaissance) taise ce que eux saisissent clairement ! Mais, quelle que soit leur suffisance, tant qu'ils n'auront pas montré comment ils ont acquis ce pouvoir sur les autres, on supposera qu'ils préfèrent s'en servir plutôt que d'être avisés et bien élevés : ils se permettent en effet de commander aux autres et de critiquer les défauts d'un *Essai* de façon si hâtive que certains se sont demandé, du fait des erreurs sur le sens et parfois les mots de l'auteur, si la critique

---

a. Paragraphe absent des premières éditions posthumes.

1. J. Norris, *Cursory Reflexions, op. cit.*, p. 3 : « Selon toutes les lois de la méthode à travers le monde, il aurait *d'abord* dû définir ce qu'il entendait par idées, et nous faire connaître leur nature, avant de poursuivre par l'explication de leur origine ». *Cf.* infra, *Remarques*, § 2.

2. *Cf. Essai*, 4.10.19 ; sur la critique contre le titre d'*essai* : parallèle en *Essai, Épitre au lecteur*, ajout de la deuxième édition, 1694 (contemporaine de la controverse avec Norris), Vrin, 2001, p. 46.

n'a pas précédé la lecture, et d'autres ont pensé qu'elle avait précédé la considération de l'ouvrage[1].

[5][a]. Après un telle critique publique, mon désir de sortir de l'ignorance naïve m'a obligé à prendre en considération une hypothèse dont on me dit, dans un livre auquel on me renvoie pour m'en instruire, qu'elle est « si absolument nécessaire à l'explication du mode de la connaissance divine aussi bien qu'humaine et sans lequel ils ne peuvent être ni l'une ni l'autre (ose dire l'auteur) expliquées ou comprises » (*Reason and religion*[2], p. 223). Comprendre le *mode de la connaissance humaine* (pour ne rien dire de la connaissance divine qui est moins encore au niveau de notre observation et de notre compréhension) est quelque chose de si désirable que je m'estimerais très obligé envers toute personne qui m'aiderait, par sa façon de l'expliquer, à sortir de l'ignorance dans laquelle j'ai été jusqu'ici englué. Cet auteur est gros de cette vérité : il nous dit (p. 185[3]) que « c'est une notion sur laquelle il est tombé, par accouchement naturel de son esprit, avant de consulter tout auteur qui puisse la lui infuser ». Cependant, le P. Malebranche a eu la chance d'être le premier à publier et lui a volé la gloire de cette découverte ; cet auteur me pardonnera donc si j'ai recours pour mon information à celui que l'on considère comme son auteur, pour voir quelle lumière je peux y trouver ; je reste pourtant décidé à ne pas oublier ce qu'il a fait

---

a. Début de paragraphe absent des premières éditions imprimées.

1. Norris a rédigé dès 1690 des *Cursory reflections* sur l'*Essay*.

2. *Reason and Religion, or the Ground and Measures of Devotion, Consider'd from the Nature of God and the Nature of Man*, London, 1689, reprint in *Treatises upon several Subjects*, New-York and London, Garland Publishing, 1978, p. 132.

3. *Ibid.*, Part. 2, Contemplation 2, p. 110.

en outre pour établir cette thèse par d'autres considérations qui lui sont propres[a], comme nous dit ce monsieur ; car mon propos n'est pas de réfuter ce que tel ou tel a écrit sur la question, mais seulement [b]-de regarder si l'on peut croire que cette hypothèse, examinée et tous éléments réunis, guérit notre ignorance ou qu'elle est plus intelligible ou satisfaisante pour quelqu'un qui voudrait ne pas se tromper, ne pas prendre les mots pour les choses et ne pas croire qu'il connaît ce qu'il ne connaît pas-[b].

{A. E*xamen de Recherche*, III.II

1. *Méthode de Malebranche*}

2 [6]. Je dois noter dès le début que le P. Malebranche[c] énumère les autres façons possibles à ses yeux de tenter une explication de l'entendement humain ; puis dans les chapitres suivants il en fait ressortir les difficultés et montre leurs insuffisances pour rendre compte de nos idées d'une manière satisfaisante ; enfin il érige sur leur ruine la théorie de « la vision de toutes choses en Dieu » : c'est la seule vraie, parce qu'il est impossible d'en trouver une meilleure. Mais cet argument n'est guère qu'un *argumentum ad ignorantiam*, et il perd toute sa force dès que nous considérons la faiblesse de notre

---

a. Note en marge de la main de Locke : « p. 202 » (du livre de Norris, *Reason and Religion*).

b. Dans l'édition imprimée ce qui suit est lié à la fin du § 1 par ces quelques mots : « Désirant remédier à ma totale ignorance, j'ai cru nécessaire... ».

c. [Note de Locke en marge du texte] *Recherche de la Vérité*, l. 3, c. 1. [Je cite en double référence la pagination de l'édition de la *Recherche* (1678) que Locke avait sous les yeux et celle des *Œuvres complètes*, Paris, Vrin, G. Rodis-Lewis (éd.), 1972 (2 e), citée désormais *O.C.* Ici, *Recherche*, III.II.I, p. 188 ; *O.C.*, t. I, p. 417.]

esprit, l'étroitesse de nos capacités, dès que nous sommes assez humbles pour reconnaître qu'il peut y avoir bien des choses que nous ne saurions pleinement comprendre et que Dieu n'est pas tenu, en tout ce qu'il fait, de soumettre ses façons d'opérer à l'épreuve de notre jugement ni tenu à ne faire strictement que ce nous pouvons comprendre. Et il me sera de peu de secours pour guérir mon ignorance qu'on me dise que cette hypothèse est la meilleure des quatre ou cinq proposées, toutes déficientes, si celle-ci aussi a en elle-même quelque chose d'incohérent, ou si elle m'est inintelligible.

{2. *Union*}

3 [7]. Le P. Malebranche nous dit (*Recherche de la Vérité*, l. 3, c. 1) que tout ce que l'esprit perçoit doit lui être effectivement présent et intimement uni, que les choses que perçoit l'esprit sont ses propres sensations, imaginations ou notions ; elles sont dans l'âme ses propres modifications, et n'ont donc pas besoin d'idées pour les représenter. Par contre, toutes les choses extérieures à l'âme, nous ne pouvons les percevoir que par le moyen d'idées, en supposant que les choses mêmes ne peuvent pas lui être intimement unies. Mais, parce que les choses spirituelles seraient unies à l'âme, il estime probable qu'elles ont le pouvoir de se découvrir immédiatement sans idées ; il en doute néanmoins, car il ne croit pas qu'il y ait d'autre substance purement intelligible que celle de Dieu ; et que, bien que de purs Esprits puissent peut-être s'unir à notre esprit[1], pour le moment nous ne pouvons les connaître entièrement. Mais il parle principalement ici des choses maté-

---

1. Je traduis *Spirit* par Esprit (avec initiale majuscule) et *mind* par esprit (initiale en minuscule). Locke avait d'abord écrit : *soul* (âme) puis a corrigé : *mind* (esprit).

rielles ; celles-ci, dit-il, ne peuvent à coup sûr s'unir à notre âme comme il le faudrait pour qu'elles fussent perçues ; les choses matérielles sont en effet étendues et non l'âme : il n'y a donc entre elles aucune proportion[1].

4 [8]. Ainsi se résume la doctrine contenue dans le premier chapitre [de la seconde partie] du Livre III, pour autant que je puisse la comprendre. Il y a là, je l'avoue, maintes expressions qui n'apportent à mon esprit aucune idée claire, et dont le son à lui seul risque peu de me libérer de mon ignorance. Par exemple, qu'est-ce qu'*être intimement uni à l'âme* ? Qu'est-ce que, *pour deux âmes ou deux purs Esprits, être intimement unis* ? En effet, l'idée d'union intime est empruntée aux corps, quand les parties de l'un pénètrent la surface de l'autre et entrent en contact avec ses parties internes : quelle idée dois-je avoir d'une union intime entre deux choses qui n'ont ni l'une ni l'autre d'étendue ou de surface ? Et si on ne me l'explique pas de manière à me donner une idée claire de cette union, si l'on vient me dire « Je les vois en Dieu qui, étant *intimement uni à l'âme*, les lui exhibe », je n'en serai pas beaucoup plus avancé, pour comprendre la nature des idées dans mon esprit que lorsqu'on me dit seulement que, par un décret divin, elles sont produites dans l'esprit par certains mouvements de notre corps auquel est uni notre esprit. Toute imparfaite qu'elle soit, cette manière d'expliquer le problème vaut bien n'importe quelle autre, tout aussi incapable de dissiper par des idées claires mon ignorance du mécanisme de ma perception.

5 [9]. Mais il dit que « certainement les choses matérielles ne peuvent s'unir à notre âme ». Notre corps est uni à notre

---

1. Le terme de *proportion* a été utilisé par Malebranche dans les quatre premières éditions de la *Recherche* puis remplacé par celui de *rapport*.

âme ; oui mais, dit-il, pas « de la façon qui est nécessaire pour que l'âme les puisse percevoir »[1]. Expliquez cette façon d'unir ; montrez en quoi consiste la différence entre l'union nécessaire à la perception et celle qui ne lui est pas nécessaire, et je conviendrai que la difficulté disparaît.

La raison qu'il allègue pour laquelle « les choses matérielles ne peuvent s'unir à notre âme selon la manière » nécessaire à la perception par l'âme, c'est que « les choses matérielles étant étendues, et pas l'âme, il n'y a point de proportion entre elles ». Si cela montre quelque chose, c'est seulement qu'une âme et un corps ne peuvent s'unir parce que l'un a une surface par quoi s'unir, et pas l'autre. Mais cela ne montre nullement pourquoi l'idée d'un triangle ne pourrait être suscitée par le corps, en une âme qui est comme la nôtre unie à un corps, – aussi bien que par la vision en Dieu de cette idée de triangle qui serait en Lui, vision permise par l'union de l'âme avec Dieu (alors qu'entre l'âme et Lui il y a aussi peu de proportion qu'entre l'âme et n'importe quelle créature immatérielle ou matérielle) ; nous ne saurions en effet concevoir un triangle – qu'on le voie dans la matière ou en Dieu – sans étendue.

6 [10]. Il dit qu' « il n'y a point de substance (purement) intelligible, que celle de Dieu »[2]. Ici encore je dois reconnaître que je suis dans le brouillard, car je n'ai aucune notion de la « substance de Dieu »[3], et je suis incapable de concevoir en quoi Sa substance est plus intelligible que n'importe quelle autre.

---

1. Pour cette citation et les deux suivantes : *O.C.*, p. 417.
2. 189 ; *O.C.*, p. 416.
3. Mots supprimés dans le manuscrit : « ici encore ». Parallèle : *Essai*, 2.13.18.

7 [11]. Une chose encore, je l'avoue, me fait trébucher au
principe même de cette hypothèse ; la voici : nous ne pourrions
rien percevoir qui ne soit « intimement uni à l'âme ». Pourquoi
certaines choses (à savoir matérielles) ne peuvent-elles être
« intimement unies à l'âme » ? C'est parce qu'il « n'y a point de
proportion entre l'âme et elles »[1]. Si c'est là une bonne raison,
il s'ensuit que, plus grande est la proportion entre l'âme et
quelque autre chose, et plus intimement elles peuvent être
unies. Or demandè-je, y a-t-il une plus grande proportion entre
Dieu, être infini, et l'âme, ou entre des Esprits finis créés et
l'âme ? Ce qui n'empêche pas notre auteur de dire qu'il « croit
qu'il n'y a de substance purement intelligible que celle de
Dieu », et qu'« à présent, nous ne pouvons connaître entièrement les Esprits créés »[2]. Tirez donc cela de vos principes
d'*union intime* et de *proportion* : alors seulement il y aura de
quoi éclaircir votre hypothèse ; sans quoi, *union intime* et
proportion ne sont que des sons, propres à nous amuser, non à
nous instruire.

{ 3. *Méthode et ignorance* }

8 [12]. A la fin de ce chapitre, il énumère les diverses voies
par lesquelles, pense-t-il, nous acquérons les idées, et il les
compare successivement à la sienne ; jusqu'à quel point cette
dernière est-elle plus intelligible que telle ou telle autre, c'est
ce que montreront les chapitres suivants. Mais avant d'en venir
là, j'observe qu'il semble audacieux de dire qu'il faut que ce
soit l'une de ces voies, et qu'on ne saurait voir les objets
autrement : cette assertion doit reposer sur une certaine estime
de nos capacités ; Dieu ne pourrait faire agir les créatures que

---

1. 190 ; *O.C.*, p. 417 ; Cf. *Ms Recherche*, sub p. 190.
2. 189 ; *O.C.*, p. 416.

selon des voies qui nous soient concevables. Que nous ne puissions en disserter et en raisonner au-delà de ce que nous concevons, voilà qui est très vrai ; bien nous prendrait si nous ne le faisions pas, et si nous invoquions franchement notre myopie quand nous ne voyons pas. Dire qu'il n'y a pas d'autre voie parce que nous n'en concevons pas d'autre, ne nous apprend pas grand-chose, je l'avoue. Et si je disais qu'il est possible que Dieu ait fait notre âme, qu'il l'ait unie à notre corps, de sorte que lors de certains mouvements provoqués en lui par des objets extérieurs, l'âme ait telles ou telles perceptions ou idées (par une voie cependant qui nous soit inconcevable), cela pourrait passer pour une proposition aussi vraie et aussi instructive que ce que l'on affirme ici péremptoirement.

{4. *Vision, espèces ou particules*}

9 [13].ᵃ Bien que la doctrine péripatéticienne des *espèces* ne me satisfasse pas du tout, je n'en pense pas moins qu'on montrerait sans peine qu'il est aussi aisé d'expliquer les difficultés qu'il lui reproche au chapitre 2 que celles dont sa propre hypothèse est grevée. Mais, comme ce n'est pas mon affaire de défendre ce que je ne comprends pas, ni de préférer le jargon savant des Écoles à ce qui me reste inintelligible chez le P. M[alebranche], je me bornerai à relever dans ses objections ce qui touche à ce que je pressens être la vérité.

Je ne pense pas qu'il existe des *espèces* matérielles qui portent à nos sens la ressemblance des choses par un flux continuel issu du corps que nous percevons, et qui en constitue la

---

a. [Note de Locke en marge du texte] *Recherche de la Vérité*, l. 3, c. 2.

perception[1] ; mais je n'en pense pas moins que l'on peut rendre compte de la perception que nous avons des objets à distance de notre corps, pour autant que nous soyons capables de la comprendre, par le mouvement de particules de matière qui en viennent et frappent nos organes[2]. Dans le toucher et le goût, il y a contact immédiat ; le son n'est pas expliqué confusément [si l'on parle] d'un mouvement vibratoire communiqué au milieu ; quant aux effluves des corps odoriférants, elles expliqueront sans grande difficulté les odeurs. Par conséquent les objections du P. M[alebranche] ne portent que contre les *espèces* visibles, en tant que les plus difficiles à expliquer par des causes matérielles, et elles le sont effectivement. Mais celui qui reconnaîtra aux particules de lumière une extrême petitesse, à leur mouvement une excessive vitesse, et aux corps la grande porosité qu'il faut leur supposer (si nous comparons l'or, qui n'en manque pas, avec l'air, milieu par lequel la lumière atteint nos yeux) et qu'il suffit de la millième ou de la dix millième partie du million de rayons qui rebondissent sur la surface visible d'un corps et parviennent à l'œil pour en ébranler assez la rétine de manière à causer une sensation dans l'esprit[3], [celui qui reconnaît tout cela] ne trouvera aucune grande difficulté dans les objections tirées de l'impénétrabilité de la matière, de l'agitation et du bris de ces rayons dans le milieu qui en est plein.

---

1. *Essai*, 3.10.14.

2. *Essai*, 4.2.11-12, etc. Malebranche a en fait, selon des textes que Locke n'a pas considérés, une conception de la vue proche de celle de Locke. Voir *Éclaircissement XVI*, § 3-4 ; *O.C.*, p. 259-260, etc. (*cf.* C. Schwartz, « L'Examen de la vision en Dieu », *op. cit.*).

3. *Essai*, 3.4.10.

Ce qu'on dit, par ailleurs – d'un seul point nous pouvons voir un grand nombre d'objets[1] – cela n'est pas une objection contre le fait que les espèces ou apparences visibles des corps sont véhiculées dans l'œil par les rayons lumineux ; car il s'en faut que le fond de l'œil (ou rétine) qui est le lieu de la vision pour ces rayons, se réduise à un point ; et il n'est pas vrai non plus que, bien que l'œil ne soit qu'en une seule place, la vision s'opère en un seul point, c'est-à-dire que les rayons qui apportent ces espèces visibles se rencontrent réellement tous en un point ; car ils provoquent leurs sensations distinctes en frappant des parties distinctes de la rétine, comme il est manifeste en optique ; et la figure qu'elles y peignent doit bien être d'une taille assez considérable, puisqu'elle occupe sur la rétine une aire dont le diamètre est d'au moins trente secondes d'un cercle dont la circonférence est dans la rétine et le centre quelque part dans le cristallin (un minimum de connaissance en optique le rendra manifeste à qui considère qu'il y a peu d'yeux capables de percevoir un objet de moins de trente minutes[2] du cercle dont l'œil est le centre). Réfléchissons seulement à cette expérience apparemment curieuse de trois bouts de papier collés sur un mur à environ un demi-pied ou à un pied les uns des autres : on ne voit que les deux extrêmes sans voir du tout celui du milieu, alors que l'œil reste fixé dans la même position ; on conviendra alors que la vision ne se fait pas en un point, puisqu'il est évident que, lorsqu'on regarde d'un seul œil, il y a toujours entre les parties extrêmes de la surface vue une partie médiane qu'on ne voit pas en même temps que ces extrêmes ; bien que la vision binoculaire (ou dans la vision

---

1. *Recherche*, 191 ; *O.C.*, p. 419.
2. *Essai*, 2.15.9. Schuurman (édition anglaise du texte à paraître) souligne que l'on devrait lire ici « trente secondes ».

monoculaire, le déplacement rapide de l'axe de vision vers la partie que nous désirons voir distinctement) nous empêchent de le remarquer.

10 [14]. Ce que je viens d'en dire suffit, je pense, à rendre intelligible la manière dont, par des rayons lumineux matériels, des espèces visibles peuvent être introduites dans l'œil, en dépit de toutes les objections du P. M[alebranche] à l'encontre des causes matérielles que met en jeu mon hypothèse.

Quant à savoir comment, une fois cette image formée sur la rétine, nous la voyons, je ne le conçois pas plus que lorsqu'on me dit que nous la voyons en Dieu. Comment nous la voyons, voilà, je l'avoue, ce que je ne comprends ni dans l'une ni dans l'autre hypothèse ; seulement il me paraît plus difficile de concevoir une image visible distincte dans l'essence invariable et uniforme de Dieu que dans une matière modifiable à l'infini. Quant à savoir la manière dont je la vois dans l'un ou l'autre cas, voilà qui dépasse encore ma compréhension. Que des impressions soient faites sur la rétine par les rayons lumineux, cela je crois le comprendre ; et que des mouvements à partir de là se poursuivent jusqu'au cerveau, peut être conçu ; et que ce soient eux qui produisent les idées dans l'esprit, j'en suis persuadé ; mais comment ? C'est pour moi incompréhensible. Cela, je ne puis le résoudre que dans le bon vouloir de Dieu dont les voies nous dépassent. Et je pense que j'en sais aussi long quand on me dit que ce sont des idées que produit en moi le mouvement des esprits animaux en vertu d'une loi établie par Dieu, que lorsqu'on me dit que ce sont des idées que je vois en Dieu. Les idées, certes, je les ai, et c'est Dieu qui en est la cause originaire selon les deux voies ; mais la manière dont je les reçois, comment il se fait que je les perçois, j'avoue ne pas le saisir, bien que le mouvement joue évidemment un rôle dans leur production ; et ce mouvement est désigné comme la cause de notre saisie, modifié comme il appert de la structure curieuse et savante de l'œil, adapté à toutes les lois de la réfraction et de la dioptrique, pour qu'ainsi les objets visibles puissent se peindre exactement et régulièrement sur le fond de l'œil.

11 [15]. Quant au changement de dimension des objets visibles du fait de la distance et les instruments optiques – le deuxième argument qu'il dirige contre les espèces visibles[1] – c'est un bon argument contre les espèces telles que les présentent les Péripatéticiens ; mais quand on le considère bien, il tendrait à persuader que nous voyons les figures et les grandeurs des choses plutôt au fond de notre œil qu'en Dieu. En effet, l'idée que nous avons d'elles et de leur grandeur est encore proportionnelle à la dimension de l'aire située au fond de l'œil, qui est affectée par les rayons qui y peignent l'image ; et on a le droit de dire que nous voyons l'image dans la rétine, de même que, si on nous pique le doigt, on a raison de dire que c'est au doigt que nous avons mal[2].

12 [16]. Il dit ensuite que, quand nous regardons un cube, « nous voyons tous ses côtés égaux »[3] ; c'est je crois une erreur, et j'ai montré ailleurs[4] comment l'idée que nous avons d'un solide régulier n'est pas la véritable idée de ce solide, mais une idée qui (comme par habitude) sert à inciter le jugement à former telle idée, comme le fait son nom[5].

1. *Recherche*, 191 ; *O.C.*, p. 420.
2. *Ibid.*
3. Troisième raison, « On ne laisse pas de voir tous ses côtés également carrés », *Ibid.*
4. *Essai*, 2.9.9 ; (le problème de Molyneux ; ce texte souligne le sens de la réponse de Locke au problème).
5. Cf. *Essai*, 4.3.9.

13 [17]. Quand il dit que nous voyons un objet à plusieurs millions de lieues à l'instant même où il se découvre[1], on peut montrer, je crois, que c'est une erreur de fait, car à la suite d'observations sur les satellites de Jupiter, on s'est aperçu que la lumière se propage successivement, et qu'elle met quelque dix minutes à nous venir du soleil.

14 [18]. D'après ce que j'ai dit, on comprendra, je crois, comment il est permis de concevoir qu'à partir d'objets éloignés, des causes matérielles[a]-peuvent atteindre les sens, y produire divers mouvements qui peuvent être les causes-[a] des idées en nous, nonobstant ce qu'a dit le P. M[alebranche] dans son second chapitre contre [b]-les espèces matérielles. Je reconnais que ses arguments valent contre-[b] ces espèces telles que les entendent ordinairement les Péripatéticiens ; mais puisqu'on a prétendu[2] que mes principes étaient conformes à la philosophie d'Aristote, je me suis efforcé d'écarter les difficultés dont on l'accuse, dans la mesure où elles concernent mon opinion.

{ 5. *Activité ou passivité de l'esprit*}

15 [19]. Son chapitre trois tend à réfuter « l'opinion de ceux qui croient que nos âmes ont la puissance de produire les idées des choses auxquelles elles veulent penser, et qu'elles sont excitées à les produire par les impressions que les objets font

---

a. Ajouté dans le manuscrit.
b. Ajouté dans le manuscrit.

1. Quatrième raison, *ibid.*
2. J. Norris, *Cursory Reflexion*, p. 9, *op. cit.* (référence citée par P. Schuurman, *Ibid.*).

sur le corps »[1]. Quiconque pense que les idées ne sont que des perceptions de l'esprit attachées à certains mouvements du corps de par la volonté divine qui a ordonné que telles perceptions accompagneraient toujours tels mouvements (encore que nous ne sachions pas comment elles se produisent), conçoit effectivement que ces idées ou perceptions ne sont que des passions de l'esprit quand elles sont produites en lui, qu'il le veuille ou non, par des objets extérieurs[2]. Mais il les conçoit comme un mixte d'action et de passion quand l'esprit fait attention à elles ou les ravive par la mémoire[3]. Quant à savoir si l'âme a un tel pouvoir, peut-être aurons-nous l'occasion de nous le demander tout à l'heure ; et ce pouvoir, notre auteur ne le nie pas, puisqu'en ce même chapitre, il dit : « quand nous concevons un carré par pure intellection, nous pouvons encore l'imaginer, c'est-à-dire l'apercevoir, en nous traçant une image dans le cerveau »[4]. Il accorde donc ici à l'âme le pouvoir de tracer des images dans le cerveau, et de les percevoir. Ce qui est pour moi sujet à de nouvelles perplexités quant à son hypothèse ; car à supposer que l'âme soit unie au cerveau de manière à y tracer des images et à les percevoir, je ne vois pas comment cela est compatible avec ce qu'il dit un peu avant, au chapitre premier : que les choses matérielles « certainement ne peuvent s'unir à notre âme de la façon qui est nécessaire afin qu'elle les aperçoive »[5].

16 [20]. Ce qui est dit des objets excitant en nous les idées par le mouvement, et du fait que nous ravivons les idées précé-

1. *Recherche*, III.II.III, 192 ; *O.C.*, p. 422.
2. *Essai*, 2.2.2.
3. *Essai*, 2.1.6-8 ; 2.10.7
4. *Recherche*, III.II.III, 194 ; *O.C.*, p. 424.
5. *Recherche*, III.II.I, 190 ; *O.C.*, p. 417.

demment reçues en mémoire, n'explique pas pleinement, je l'avoue, de quelle manière cela se fait. Là-dessus, je reconnais franchement mon ignorance ; et je serais heureux de trouver chez notre auteur quelque chose qui pourrait me l'éclaircir ; mais dans ses explications je trouve des difficultés que je ne puis surmonter.

17 [21]. L'esprit ne peut produire les idées, dit-il, parce qu'elles sont des « êtres spirituels réels »[1], c'est-à-dire des substances, car telle est la conclusion de ce paragraphe quand il présente comme absurde de penser qu'« elles sont anéanties quand elles ne sont pas présentes à l'esprit »[2]. Et toute la force de cet argument persuaderait de l'entendre ainsi, bien que je ne me souvienne pas qu'il en parle où que ce soit, ni qu'il les appelle en propres termes des substances.

18 [22]. Je me bornerai à relever ici combien il est inconcevable à mes yeux qu'une substance spirituelle, c'est-à-dire inétendue, représente à l'esprit une figure étendue, par exemple un triangle aux côtés inégaux, ou deux triangles de différentes grandeurs. En outre, à supposer que je puisse concevoir qu'une substance inétendue représente une figure, ou qu'elle en soit l'idée, reste la difficulté de concevoir comment il se fait que mon âme la voie. Mettons que cet

1. *Recherche*, III.II.III, 193 ; *O.C.*, p. 423 : « Personne ne peut douter que les idées ne soient des êtres réels puisqu'elles ont des propriétés réelles, que les unes ne diffèrent des autres, et qu'elles ne représentent des choses toutes différentes. On ne peut aussi raisonnablement douter qu'elles ne soient spirituelles… ».

2. *Recherche*, III.II.III, 193 ; *O.C.*, p. 423 : « On ne fait cependant pas réflexion à cela parce qu'on s'imagine qu'une idée n'est rien à cause qu'elle ne se fait point sentir ; ou bien si on la regarde comme un être, c'est comme un être bien mince et bien méprisable, parce qu'on s'imagine qu'elle est anéantie dès qu'elle n'est plus présente à l'esprit ».

être substantiel soit toujours chose sûre, et que les images soient toujours choses claires : néanmoins, comment les voyons nous, voilà qui est pour moi inconcevable. Une union intime, serait-elle aussi intelligible pour deux substances inétendues que pour deux corps, ne deviendrait pourtant pas encore une perception, qui est quelque chose de plus qu'une union. Pourtant, un peu plus bas, il *accorde* qu'une idée « n'est pas une substance » tout en affirmant qu'elle est « une chose spirituelle »[1]. Or il faut bien que cette « chose spirituelle » soit ou une « substance spirituelle », ou un mode d'une substance spirituelle, ou une relation, car, en dehors de cela, je n'ai aucune conception de quoi que ce soir[2]. Et si l'on me dit que c'est un *mode*, il faut que ce soit un mode de la substance de Dieu ; et (outre qu'il serait étrange de parler d'un mode dans l'essence simple de Dieu), quiconque proposera de tels modes comme un moyen d'expliquer la nature de nos idées, me proposera là quelque chose d'inconcevable, comme un moyen de concevoir ce que je ne connais pas encore.

Ainsi, à part une nouvelle expression, je n'apprends rien ; cela me laisse dans le noir comme quelqu'un qui ne conçoit rien. Ainsi, qu'on suppose tant qu'on voudra des idées comme choses spirituelles réelles, si ce ne sont ni des *substances* ni des *modes*, qu'elles soient ce qu'on voudra, je n'en sais pas plus long sur leur nature que lorsqu'on me dit que ce sont des perceptions, comme je le constate moi-même. Et j'en appelle au lecteur : faut-il préférer, comme plus facile à comprendre,

---

1. « Que si on dit qu'une idée n'est pas une substance, je le veux ; mais c'est toujours une chose spirituelle ». Malebranche achève le paragraphe en disant : « ...quand même une idée ne serait pas une substance ».
2. Division tripartite des idées complexes dans l'*Essai*, *cf.* 2.12.3. La fin de la section est identique au commentaire de *Ms Recherche* sub p. 193.

cette hypothèse qui explique [les choses] par des *êtres réels* qui ne sont ni *substances* ni *modes* ?

{ 6. *Étendue de l'esprit* }

19 [23]. Au chapitre quatre, il prouve que nous ne voyons pas les objets par des idées qui sont créées avec nous, parce que les idées que nous avons, même d'une seule figure très simple, par exemple d'un triangle, ne sont pas une infinité, bien qu'il puisse y avoir une infinité de triangles. Ce que cela prouve, je ne l'examinerai pas ici[1] ; mais la raison qu'il donne, reposant sur son hypothèse, je ne puis la passer sous silence : « ce n'est pas faute d'idées, ou que l'infini ne nous soit présent, mais c'est seulement faute de capacité et d'étendue de nos âmes, parce que l'étendue de nos esprits est très étroite et limitée »[2]. Avoir une extension limitée, c'est encore en avoir une, ce qui ne cadre que difficilement avec ce qu'on a dit précédemment de notre âme, qu'« elle n'a aucune étendue ». Ce qui nous est dit ici et ailleurs donnerait à penser qu'il faut entendre par là que l'âme n'ayant que peu d'étendue, ne pourrait recevoir à la fois toutes les idées concevables dans l'espace infini, parce que

---

1. Locke l'explique par l'idée générale, cf. *Essai*, 3.3.7-9.
2. *Recherche*, III.II.IV, p. 196-197 ; *O.C.*, p. 430. Locke accole ici deux citations : « Mais ce qu'il faut principalement remarquer, c'est que cette idée générale qu'a l'esprit de ce nombre infini de triangles de différentes espèces prouve assez que, si l'on ne conçoit point par des idées particulières tous ces différents triangles, en un mot si on ne comprend pas l'infini, ce n'est pas faute d'idées, ou que l'infini ne nous soit présent, mais c'est seulement faute de capacité et d'étendue d'esprit... » ; et plus loin : « L'esprit voit donc toutes ces choses : il en a des idées : il est sûr que ces idées ne lui manqueront jamais, quand il employerait des siècles infinis à la considération même d'une seule figure ; et que s'il n'aperçoit pas ces figures infinies tout d'un coup, ou s'il ne comprend pas l'infini, c'est seulement que son étendue est très limitée ».

seule une partie de cet espace infini peut s'appliquer à l'âme à la fois. Entendue de la sorte, l'union intime de l'âme avec un être infini, et sa façon de recevoir les idées par cette union, nous suggèrent naturellement des représentations très grossières, comme celle d'une fermière qui aurait un moule à beurre infini, et où seraient gravées des figures de toutes sortes et de toutes dimensions : en appliquant les différentes parties, suivant les cas, à sa motte de beurre, ce moule y laisserait la figure ou l'idée dont on aurait besoin à ce moment là. En est-il qui expliqueraient ainsi nos idées, je ne saurais le dire ; en tous cas, je ne sais comment comprendre en un meilleur sens ce qu'il dit ici, après ce qu'il vient de dire de l'*union*.

20 [24]. Il dit encore que si nous avions un magasin de toutes les idées qui sont nécessaires pour voir les choses, elles ne nous serviraient de rien, puisque l'esprit ne saurait laquelle choisir, et se la présenter pour voir le soleil. Ce qu'il entend ici par *le soleil* est difficile à comprendre : selon son hypothèse de la « vision de toutes choses en Dieu », comment peut-il savoir qu'il existe au monde un être réel tel que le soleil ? L'a-t-il jamais vu ? Non, il a seulement, à l'occasion de la présence du soleil à ses yeux, vu l'idée du soleil en Dieu, que Dieu lui a montrée ; quant au soleil lui-même, comme il ne peut être uni à son âme, il ne peut le voir. Comment dès lors peut-il savoir qu'il existe un soleil qu'il n'a jamais vu ? Et puisque Dieu fait toutes choses par les voies les plus économiques, quel besoin y a t-il que Dieu fasse un *soleil*, si l'on peut voir son idée en lui quand il lui plairait de nous la montrer, alors que cela pourrait fort bien avoir lieu sans qu'il existe le moindre *soleil* ?

21 [25]. Il dit ensuite que Dieu ne produit pas effectivement en nous autant d'idées nouvelles que nous percevons

de choses différentes[1]. Qu'il l'ait prouvé ou non, je ne l'examinerai pas.

{ *7. La chose matérielle en Dieu* }

22 [26]. Mais il dit qu'« en tous temps nous avons actuellement en nous-mêmes les idées de toutes choses »[2]. Nous aurions alors toujours effectivement en nous les idées de tous les triangles, ce qui venait pourtant d'être nié. Mais « nous les avons confusément ». Si c'est en Dieu que nous les voyons, et qu'elles ne sont pas en lui *confusément*, je ne comprends pas comment nous pouvons les voir en lui *confusément*.

23 [27]. Au chapitre cinq, il nous dit aussi que « toutes choses sont en Dieu » même les plus corporelles et les plus terrestres, mais « d'une manière toute spirituelle et que nous ne pouvons comprendre »[3]. Ici, lui et moi sommes donc tout aussi ignorants du sens de ces belles paroles : « des choses matérielles sont en Dieu d'une manière spirituelle » ne signifie rien pour aucun de nous deux et « manière spirituelle » ne signifie rien de plus que : « les choses matérielles sont en Dieu *immatériellement* ». Toutes les expressions de la sorte sont des façons de parler que notre vanité a trouvées pour masquer et non supprimer notre ignorance. Mais « les choses matérielles sont en Dieu » parce que « leurs idées sont en Dieu » et « ces

---

1. *Recherche*, III.II.IV, 197 ; *O.C.*, p. 431 : « On ne peut pas dire aussi que Dieu en produise à tous moments autant de nouvelles que nous apercevons de choses différentes. Cela est assez réfuté par ce qu'on vient de dire dans ce chapitre ».

2. *O.C.,* p. 432.

3. *Recherche*, III.II.IV, 198 ; *O.C.*, p. 434-435 : « Ces idées que Dieu en a eues ne sont point différentes de lui-même ; et qu'ainsi toutes les créatures, même les plus matérielles et les plus terrestres, sont en Dieu, quoique d'une manière toute spirituelle et que nous ne pouvons comprendre ».

idées que Dieu en a eu avant que le monde fût créé ne sont pas
du tout différentes de lui-même ». Ceci revient presque à dire,
me semble-t-il, non seulement qu'il y a en Dieu de la *variété*
puisque nous voyons de la variété en ce qui « n'est pas différent
de lui-même », mais bien que les choses matérielles sont Dieu
ou une partie de Lui [1]. Certes, je ne pense pas que ce soit ce
que veuille dire notre auteur, mais celui qui pense connaître
l'entendement divin mieux que le sien au point de se servir de
l'intellect divin pour expliquer l'humain, est forcé de parler
ainsi, je le crains !

{ 8. *Idées vues en Dieu* }

24 [28]. Au chapitre six, il en vient plus particulièrement à
l'exposé de sa propre doctrine. Il commence par dire : « Les
idées de toutes choses sont en Dieu ». Admettons-le : Dieu a
l'idée d'un triangle, d'un cheval, d'une rivière juste comme
nous ; jusqu'ici cela ne va pas plus loin puisque nous les
voyons comme elles sont en Lui ; donc les idées qui sont en
Lui sont celles que nous percevons. Jusqu'ici, si je comprends
bien, Dieu a les mêmes idées que nous ; ce qui nous dit, bien
sûr, qu'il existe des idées, chose déjà accordée et nul n'en
disconviendra, je pense ; mais cela ne me dit pas encore ce
qu'elles sont.

25 [29]. Après avoir dit qu'elles sont en Dieu, il ajoute tout
de suite que « nous pouvons les voir en Dieu ».[a]-Une personne
que je connais aurait reproché ce manque de méthode : dire où
l'on peut voir les idées avant de nous dire ce qu'elles sont,

---

1. Sur le soupçon de spinozisme et l'énergique protestation de
Malebranche, voir la mise au point historique de J. Moreau : « Malebranche et le
spinozisme », Introduction à la *Correspondance avec Dortous de Mairan*, Vrin,
Paris, 1947.

aurait été à ses yeux une faute impardonnable-[a]. Il le prouve
ainsi : notre âme peut les voir en Dieu, car « Dieu est très
étroitement uni à nos âmes par sa présence, de sorte qu'on peut
dire que Dieu est le lieu des Esprits, de même que les espaces
sont le lieu des corps »[1]. Je l'avoue, je n'y comprends pas
un mot. D'abord, en quel sens peut-il dire que « les espaces
sont le lieu des corps » alors qu'il identifie corps, espace ou
étendue[2] ? C'est pourquoi, quand il dit que « les espaces sont le
lieu des corps », je ne comprends pas mieux ce qu'il veut dire
que s'il disait que « les corps sont le lieu des corps ». Mais
quand il applique cette comparaison à Dieu et aux purs Esprits,
cela fait de l'affirmation « Dieu est le lieu des Esprits », ou bien
une pure métaphore, qui ne signifie littéralement rien ; ou alors
pris au pied de la lettre, cela nous porte à penser que les Esprits
montent et descendent, ont entre eux des distances et inter-
valles en Dieu comme les corps dans l'espace. Quand on
m'aura dit auquel de ces sens il faut l'entendre, je pourrai voir
jusqu'à quel point cela nous aide à comprendre la nature des
idées. Mais Dieu n'est-il pas uni aussi directement aux corps
qu'aux Esprits ? Car Il est également présent même là où ils
sont ; pourtant ils ne voient pas ces idées en lui. Aussi ajoute-
t-il que « l'âme[3] peut voir en Dieu les ouvrages de Dieu,
supposé que Dieu veuille bien lui découvrir ce qu'il y a dans lui
qui les représente », c'est-à-dire les idées qui sont en Lui.
L'union n'est donc pas la cause de cette *vision*, puisque l'âme

---

a. Phrase absente du texte publié dans les œuvres posthumes. Allusion à
John Norris. Cf. *Réponse aux* Réflexions, § 3.

1. *Recherche*, III.II.VI, 198 ; *O.C.*, p. 437. Locke ne reprend pas la nuance
de Malebranche : « sont *en un sens* le lieu des corps ».

2. Cf. *Essai*, 2.13.11, etc.

3. Malebranche avait écrit *l'esprit*.

peut être unie à Dieu sans pourtant voir les idées qui sont en
Lui, à moins qu'Il ne les lui « découvre ». Si bien qu'après tout,
j'en suis toujours au même point : j'ai des idées, cela je le sais ;
mais je voudrais savoir ce qu'elles sont ; et à cela, on se borne
à me dire que « je les vois en Dieu ». Je demande alors
comment ? On me répond par « mon union intime avec Dieu »,
car Il est omniprésent. Je réponds que si cela suffisait, les corps
sont eux aussi intimement unis à Dieu, puisqu'Il est omniprésent ; en outre, si cela suffisait, je verrais toutes les idées
qui sont en Dieu. Eh bien non, ce sont seulement celles qu'il
Lui plaît de me « découvrir ». Dites-moi en quoi consiste cette
découverte, outre le fait de me les avoir simplement fait voir ;
alors vous m'expliquerez comment je les ai ; sans quoi tout ce
qui a été dit revient seulement à dire que j'ai telles idées qu'il
plaît à Dieu ; comment ? Voilà ce que j'ignore ; et par rapport à
ce que je savais déjà, je n'ai pas avancé d'un pouce.

26 [30]. Au paragraphe suivant, il les appelle *êtres, êtres
représentatifs*. Mais, si ces êtres sont des *substances*, des
modes ou des *relations*, on ne me le dit pas ; aussi quand on
me dit que ce sont des *êtres spirituels*, tout ce que je sais, c'est
qu'elles sont quelque chose, je ne sais quoi ; et cela, je le savais
déjà.

{9. *Particulier et universel*}

27 [31]. Pour expliquer un peu mieux la chose, il ajoute :
« Mais il faut bien remarquer qu'on ne peut pas conclure que
les Esprits [1] voient l'essence de Dieu, de ce qu'ils voient toutes
choses en Dieu de cette manière. Parce que ce qu'ils voient
est très imparfait, et que Dieu est très parfait. Ils voient de la

1. Ici et en fin de citation, le texte anglais donne *soul(es)*.

matière divisible, figurée, etc. Et en Dieu il n'y a rien qui soit
divisible ou figuré : car Dieu est tout être, parce qu'Il est infini
et qu'Il comprend tout ; mais Il n'est aucun être en particulier.
Cependant, nous ne voyons qu'un ou plusieurs êtres en
particulier, et nous ne comprenons point cette simplicité
parfaite de Dieu qui renferme tous les êtres. Outre qu'on peut
dire qu'on ne voit pas tant les idées des choses que les choses
mêmes que les idées représentent : car lorsqu'on voit un carré,
par exemple, on ne dit pas que l'on voit l'idée de ce carré, qui
est unie à l'Esprit, mais seulement le carré qui est au dehors » [1].
Je ne prétends pas ne pas avoir la vue basse ; mais si je ne suis
pas plus aveugle que d'habitude, ce paragraphe montre que
le P. Malebranche lui-même bute sur cette question, et ne
comprend pas ce que nous voyons en Dieu, ni comment.

Au chapitre quatre, il dit expressément qu'« il est
nécessaire qu'en tout temps nous ayons actuellement dans
nous-mêmes les idées de toutes choses » [2]. Et dans ce même
chapitre, un peu plus loin, il dit que « tous les êtres sont
présents à nos âmes » [3], et que « nous avons des idées générales
antérieurement aux particulières » [4]. Au chapitre huit, il dit

1. *Recherche*, III.II.VI, 200 ; *O.C.*, p. 438-439 (texte des quatre premières
éditions de la *Recherche* et de l'édition anglaise (où *esprits* du texte français est
traduit *souls*).

2. *Recherche*, III.II.IV, 197 ; *O.C.*, p. 432.

3. *Ibid.* : « … ce que nous ne pourrions pas… si un nombre infini d'idées
n'était présent à notre esprit ».

4. *Ibid.* : « … l'idée ou l'objet immédiat de notre esprit, lorsque nous
pensons à des espaces immenses, à un cercle en général, à l'Être indéterminé,
n'est rien de créé. Car toute réalité créée ne peut être ni infinie, ni même
générale, tel qu'est ce que nous apercevons alors ».

que « nous ne sommes jamais sans l'idée générale de l'être »[1], et pourtant il dit ici que « ce que nous voyons » n'est que « un ou plusieurs êtres en particulier ». Et après s'être donné beaucoup de mal pour prouver que « nous ne pouvons voir les choses en elles-mêmes, mais seulement les idées », il nous dit ici que « nous ne voyons pas tant les idées des choses que les choses elles-mêmes »[2]. En présence de cette incertitude de notre auteur sur ce que nous voyons, on m'excusera si mes yeux n'y voient pas plus clair que lui-même dans son hypothèse.

28 [32]. Il nous dit encore au chapitre six que « nous voyons tous les êtres à cause que Dieu veut que ce qu'il y a dans lui qui les représente nous soit découvert »[3]. Tout ce que cela nous dit, c'est qu'il y a des idées des choses en Dieu, et que nous les voyons quand il Lui plaît de nous les découvrir. Mais, sur la nature de ces *idées*, sur leur découverte et en quoi elle consiste, cela nous montre-t-il quoi que ce soit de plus que celui qui dit (sans prétendre connaître ce qu'elles sont ou comment elles sont faites) que les idées sont dans notre esprit quand il plaît à Dieu de les y produire par ces mouvements mêmes qu'il a prédestinés pour ce faire ?

Le raisonnement suivant en faveur de notre vision de toutes choses en Dieu est formulé en ces termes : « Mais la plus forte de toutes les raisons, c'est la manière dont l'esprit aperçoit toutes choses. Il est constant, et tout le monde le sait par expé-

---

1. *Recherche*, III.II.VIII 208 ; *O.C.*, p. 456 : « Cette présence claire, intime, nécessaire de Dieu; je veux dire de l'être sans restriction particulière, de l'être infini, de l'être en général à l'esprit de l'homme… ».
2. *Recherche*, III.II.VI, 200 ; *O.C.*, p. 439 : « Outre qu'on peut dire, qu'on ne voit pas tant les idées des choses que les choses mêmes que les idées représentent, etç. ».
3. *Ibid.*

rience, que lorsque nous voulons penser à quelque chose en particulier, nous jetons d'abord la vue sur tous les êtres, et nous nous appliquons ensuite à la considération de l'objet auquel nous souhaitons de penser »[1]. Cet argument n'a d'autre effet sur moi que de me faire d'autant plus douter de la vérité de cette doctrine. D'abord, ce qu'il appelle « la plus forte de toutes les raisons » repose sur des faits : or je ne trouve en moi rien de tel. Je ne constate pas que quand je veux penser à un triangle, je commence par penser à « tous les êtres », que ces mots « tous les êtres » soient pris ici au sens propre ou très improprement par l'« être en général ». Et je ne pense pas non plus que mes voisins de la campagne le fassent en s'éveillant le matin : ils ne leur est pas impossible, j'imagine, de penser à leur cheval boiteux ou à la rouille dans leur blé sans parcourir en pensée « tous les êtres » qui existent, pour choisir le [cheval] pommelé ; je ne crois pas qu'ils commencent par penser à l'« être » en général – qui est l'être abstrait de toutes ses espèces inférieures[2] – avant de penser aux mouches de leur mouton ou à l'ivraie dans leur blé. Car je suis porté à croire que la plupart des hommes pensent très rarement – s'ils y pensent jamais – à l'« être » en général, c'est-à-dire abstrait de toutes ses espèces inférieures et de ses individus. En effet, à ce compte-là, un roulier cherchant un remède pour son cheval blessé, un valet de pied une excuse pour une faute qu'il a commise, s'ils commençaient par jeter les yeux sur toutes choses, comment y trouveraient-il une réponse ?

Donc, « nous pouvons désirer voir tous les objets, d'où il s'ensuit que tous les êtres sont présents à nos esprits »[3] ?

1. *Recherche*, 201 ; *O.C.*, p. 440.
2. Sur l'abstraction : *Essai*, 2.2.9 ; cf. *Remarques*, § 32-33.
3. *Recherche*, III.II.VI, 201 ; *O.C.*, p. 440 (citation donnée dans son contexte au début du paragraphe suivant).

Puisque « présence » signifie que nous les voyons (sinon cela ne signifie rien), nous les voyons tous effectivement toujours. Est-ce vrai ? Que chacun en soit juge.

29 [33] Voici en quels termes il poursuit cet argument : « Or il est indubitable que nous ne saurions désirer de voir un objet particulier, que nous ne le voyions déjà, quoique confusément et en général : de sorte que pouvant désirer de voir tous les êtres, tantôt l'un et tantôt l'autre, il est certain que tous les êtres sont présents à notre esprit ; et il semble que tous les êtres ne puissent être présents à notre esprit, que parce que Dieu lui est présent, c'est-à-dire celui qui renferme toutes choses dans la simplicité de son être »[1]. Que d'autres jugent où je suis blâmable, mais je n'arrive pas à me représenter la cohérence des maillons de cette chaîne ; et m'est avis que quelqu'un qui se serait efforcé d'être obscur n'aurait pu écrire de façon plus incompréhensible : « Nous pouvons désirer, dit-il, de voir tous les êtres, tantôt l'un tantôt l'autre, donc il est certain que nous voyons déjà toutes choses parce que nous ne saurions désirer de voir un objet particulier que nous ne le voyions déjà quoique confusément et en général »[2]. Le propos tourne ici autour des idées : ce sont, dit-il, des choses réelles et nous les voyons en Dieu. Accordons le point pour essayer d'en tirer quelque chose qui aille dans son sens. Le raisonnement devrait, me semble-t-il, être le suivant : « on peut désirer avoir toutes les idées, tantôt l'une tantôt l'autre ; donc on a déjà toutes les idées, car on ne peut désirer avoir une idée particulière hors celles que l'on a déjà *confusément* et *en général* ». Que peut-on entendre ici par avoir une idée

---

1. *Recherche*, III.II.VI, 201 ; *O.C.*, p. 440.
2. Citation précédente remodelée par Locke.

particulière confusément et en général ? J'avoue ne pas le
concevoir, à moins qu'il ne s'agisse d'une capacité en nous de
les avoir [1] ; et en ce sens, tout le raisonnement revient à rien de
plus qu'à ceci : « nous avons toutes les idées parce que nous
sommes capables d'avoir toutes les idées » ; et cela ne prouve
pas du tout que nous les ayons effectivement en étant unis à
Dieu qui « renferme toutes choses dans la simplicité de son
être ». Que quelque chose de plus soit, ou puisse être, compris
par là, je ne le vois pas ; car ce que l'on désire voir n'étant que
ce que l'on voit déjà (car s'il peut s'agir d'autre chose, le
raisonnement échoue et ne prouve rien) ; et ce que l'on désire
voir étant, comme il nous est dit ici, quelque chose de
particulier, « tantôt une chose tantôt l'autre », ce que nous
voyons effectivement doit être également particulier ; mais
comment voir une chose particulière en général ? Cela passe
mon entendement. Je ne puis concevoir comment un aveugle a
l'idée particulière d'écarlate confusément ou en général, alors
qu'il ne l'a pas du tout [2] ; et pourtant, qu'il puisse désirer
l'avoir, je n'en saurais douter ; pas plus que je ne doute pouvoir
désirer percevoir (ou avoir les idées de) ces choses que Dieu
destine à ceux qu'il aime, bien qu'elles soient « telles que
l'œil ne les a pas vues, que les oreilles ne les ont pas entendues,
et ne sont pas entrées dans le cœur de l'homme » [3] : celles dont
je n'ai encore aucune idée.

[34] Celui qui désire savoir quelles créatures il y a sur
Jupiter, ou ce que Dieu destine à ceux qui l'aiment, suppose, il
est vrai, qu'il y a quelque chose sur Jupiter ou au siège des

---

1. Affirmation comparable à celle qui résout la question de l'idée innée
(innéisme dispositionnel).
2. *Essai*, 1.4.20 ; 3.4.11.
3. *1re Cor.*, 2.9.

élus ; mais si[a]-désirer-[a] avoir les idées particulières de ces choses là suffisait pour dire que nous les voyons déjà, alors personne ne saurait rien ignorer ; quiconque a vu une seule chose les a toutes vues, car il a acquis l'idée générale de quelque chose. Mais cela ne suffit pas, je l'avoue, pour me convaincre que nous voyons ainsi toutes choses «dans la simple idée de l'être divin qui les renferme toutes». Car si les idées que je vois sont toutes – comme nous le dit l'auteur – des êtres réels en Dieu, il est évident qu'elles doivent être en lui autant d'êtres réels distincts ; et si on les voit en Lui, il faut bien qu'on les voie comme elles sont : autant d'êtres particuliers distincts, et nous ne les verrons donc pas confusément et en général. Que veut dire voir une idée (à laquelle je ne donne pas de nom[1]) confusément, c'est ce que je ne saisis pas bien.

Ce que je vois, je le vois, et l'idée que je vois est distincte de toutes les autres qui ne sont pas les mêmes qu'elle[2]. En outre je les vois telles qu'elles sont en Dieu et telles qu'il me les montre. Sont-elles donc en Dieu confusément, ou est-ce qu'il me les montre confusément ?

{ 10. *Idées présentes, ou découvertes par Dieu* }

30 [35]. 2° Cette « vision de toutes choses » sous prétexte que « nous pouvons désirer de voir toutes choses », il en tire la preuve qu'« elles sont présentes » à notre esprit ; et si elles « sont présentes, elles ne peuvent être présentes que par la présence de Dieu qui les renferme toutes dans la simplicité de

---

a. Mot ajouté en correction.

1. Le nom est une voie de détermination de l'idée (cf. *Essai*, 3.2.9,17).
2. *Essai*, 2.2.1.

son être »[1]. Raisonnement qui repose apparemment sur ceci : si nous voyons toutes choses, c'est parce qu'elles sont présentes à notre esprit, car Dieu en qui elles sont nous est présent. Cette affirmation (bien que ce soit le fondement sur lequel il semble s'appuyer) tombe sous le coup d'une objection toute naturelle : nous devrions alors toujours voir effectivement toutes choses, puisqu'en Dieu qui nous est présent, elles sont toutes actuellement présentes à l'esprit. Il essaie bien de prévenir cette objection en disant que nous voyons en Dieu toutes les idées qu'il lui plaît de « nous découvrir », ce qui est sans doute une réponse à l'objection, mais propre à renverser toute son hypothèse, à la rendre inutile et aussi inintelligible que n'importe laquelle de celles qu'il a écartées pour cette raison.

Il prétend nous expliquer comment nous en venons à percevoir les choses ; c'est, dit-il, en ayant leurs idées présentes à l'esprit, car l'âme ne peut percevoir les choses éloignées d'elle[2]. Et si ces idées sont présentes à l'esprit, c'est seulement parce que Dieu en qui elles sont, est présent à l'esprit. Jusqu'ici, cela se tient, c'est cohérent. Mais quand on vient me dire ensuite qu'il ne suffit pas de leur présence pour qu'on les voie, mais qu'il faut encore que Dieu fasse quelque chose de plus pour me les découvrir, je suis autant dans les ténèbres qu'au début ; et tous ces beaux discours sur leur « présence à mon esprit » ne m'explique nullement comment je les perçois ou les percevrai ; et ils ne me l'expliqueront pas tant qu'on ne m'aura pas fait comprendre ce que Dieu fait de plus que de me les rendre présentes à l'esprit en me les découvrant,

1. *Recherche*, III.II.VI, 20 ; *O.C.*, p. 440-441 : « … il semble que tous les êtres ne puissent être présents à notre esprit que parce que Dieu lui est présent, c'est-à-dire celui qui renferme toutes choses dans la simplicité de son être ».

2. Argument utilisé aussi par Locke : *Essai*, 2.8.11 et atténué en note à 4.3.6 (5e éd., Paris, Vrin, t. 2, p. 671) ; cf. *Ms Recherche*, sub p. 190.

car nul ne le niera je pense. Mais j'en suis sûr et je l'affirme : si les idées que nous avons sont dans notre esprit, c'est par le vouloir et le pouvoir de Dieu, bien que d'une manière que nous ne concevons pas, que nous ne pouvons comprendre. Dieu, dit notre auteur, est étroitement uni à l'âme ; ainsi les idées des choses le sont-elles aussi. Toutefois leur présence ou leur union ne suffit pas pour les faire voir ; il faut encore que Dieu nous les montre ou nous les exhibe. Mais que Dieu fait-Il donc de plus que de les présenter à notre esprit quand Il nous les montre ? A ce sujet, rien n'est dit pour m'aider à surmonter cette difficulté, sauf que, quand Dieu nous les montre, nous les voyons ; en bref, semble-t-il, cela revient simplement à me dire que, quand nous avons ces idées, nous les avons ! Et que nous le devons à notre créateur, ce qui ne dit rien de plus que ce que je dis avec mon ignorance. Nous avons les idées de figures et de couleurs par l'opération des objets extérieurs sur nos sens quand le soleil nous les montre ; mais comment il nous les montre, comment la lumière solaire les produit en nous, de quelle nature et de quelle mode est cette altération cn notre âme, je n'en sais rien. Et dans ce que dit notre auteur, il n'apparaît nulle part qu'il sache mieux ce que fait Dieu quand Il nous les montre, ou ce qui est produit sur notre esprit puisque, de son propre aveu, la présence des idées à notre esprit ne suffit pas à le produire.

{ 11. *Diversité des idées et simplicité divine* }

31 [36]. 3° Une chose encore m'est incompréhensible à ce sujet : comment la « simplicité de l'être divin » contiendrait-elle en elle une variété d'êtres réels, permettant à l'âme de les distinguer nettement en Lui les uns des autres, alors qu'on me

dit au chapitre cinq que les idées en Dieu « ne sont point différentes de lui-même »[1] ? Il me semble qu'on désigne par là une simplicité faite de diversité, chose pour moi inconcevable. Je crois que Dieu est un être simple, que par sa sagesse Il connaît toutes choses, que par sa puissance Il peut tout ; mais comment, je ne puis pas plus le comprendre que de tenir l'océan dans la main, ou de tenir l'univers en mon pouvoir .

« Les idées sont des êtres réels », dites-vous ; s'il en est ainsi, elles doivent évidemment être des *êtres réels* distincts ; car – rien de plus certain – il y a des idées distinctes, et elles sont en Dieu en qui nous les voyons ; elles y sont donc effectivement distinctes, sans quoi nous ne saurions les voir distinctement en Lui. Mais, ces êtres réels distincts qui sont en Dieu, sont-ils des parties ou des modes de la divinité, ou sont-ils contenus en Lui comme des objets en un lieu ? Car je ne vois guère d'autre façon que ces trois là de concevoir leur présence en Lui qui nous permettrait de les voir. Car dire qu'elles sont en lui *eminenter*[2] revient à dire qu'elles ne sont pas effectivement et réellement en Lui pour être vues (c'est seulement si elles sont en Lui *eminenter* et si nous ne les voyons qu'en Lui, que l'on peut dire que nous les voyons également *eminenter* seulement). De sorte que – bien qu'indéniablement Dieu voie et connaisse toutes choses – dire que nous voyons toutes choses en Lui, n'est qu'une expression métaphorique pour cacher notre ignorance tout en prétendant expliquer notre connaissance – voir les choses en Dieu ne signifiant rien de plus que : nous les percevons on ne sait comment.

32 [37]. Il ajoute de plus qu'il ne croit pas qu'on puisse bien rendre raison de la manière dont l'esprit connaisse plusieurs

---

1. *Recherche*, III.II.V, 198 ; *O.C.*, p. 434.
2. *Éminemment* : *Recherche*, III.II. V, 198 ; *O.C.*, p. 434.

vérités abstraites et générales par la seule présence de Celui qui peut éclairer l'esprit en un millier de façons différentes[1]. Il [a]-ne faut pas nier que Dieu puisse éclairer nos esprits de mille façons différentes ; et il-[a] est également indéniable que ces mille façons différentes peuvent être telles que nous n'en connaissions pas une seule. La question est de savoir si ce discours sur la vision de toutes choses en Dieu nous fait vraiment comprendre clairement ou tant soit peu l'une d'elles ; si c'était pour moi le cas, je concéderais alors avec reconnaissance que je n'en ignorais que neuf cent quatre vingt dix neuf sur mille ; alors que je dois avouer les ignorer toutes.

33 [38]. Le paragraphe suivant prouve me semble-t-il, si tant est qu'il prouve quoi que ce soit, que l'idée que nous avons de Dieu est Dieu lui-même, puisqu'elle est, dit-il, quelque chose d'« incréé »[2]. Les idées que les hommes ont de Dieu sont si différentes[3] qu'on aurait peine à dire que c'est Dieu lui-même. Et il est inutile de dire que si les hommes appliquaient leur esprit à contempler Dieu, ils en auraient tous la même idée : on avance cela pour prouver que Dieu est présent à tous les esprits humains, qui Le voient de ce fait ; mais il faudrait

a. Ajout fait dans le manuscrit.

1. *Recherche*, III.II.VI, 201 ; *O.C.*, p. 441 : « Enfin je ne crois pas qu'on puisse bien rendre raison de la manière dont l'esprit connaisse plusieurs vérités abstraites et générales que par la présence de celui qui peut éclairer l'esprit en une infinité de façons différentes ». (L'édition *des Posthumous Works* remplace la paraphrase par le texte même de Malebranche traduit en anglais).

2. *Ibid.* : « Car il est constant que l'esprit aperçoit l'infini, quoiqu'il ne le comprenne pas ; et qu'il a une idée très distincte de Dieu, qu'il ne peut avoir que par l'union qu'il a avec lui ; puisqu'on ne peut pas concevoir que l'idée d'un être infiniment parfait, qui est celle que nous avons de Dieu, soit quelque chose de créé ».

3. *Essai*, 1.4.13-16.

aussi prouver, à mon avis, que Dieu étant immuablement le même, les hommes en Le voyant Le voient nécessairement tous identique.

{ *12) L'idée d'infini* }

34 [39]. A la section suivante, on nous dit que « non seulement l'esprit a l'idée de l'infini, il l'a même avant celle du fini »[1]. Comme c'est là une question d'expérience, que chacun s'examine lui-même ; mais j'ai la malchance de constater qu'il en est autrement chez moi ; aussi cet argument a-t-il naturellement des chances de ne pas avoir le moindre effet sur moi, a-qui ne peux donc-a admettre si aisément ce qu'on en infère, à savoir : « l'esprit n'aperçoit aucune chose que dans l'idée qu'il a de l'infini »[2]. Et je ne puis m'empêcher de penser que plus d'un enfant peut compter jusqu'à vingt, avoir l'idée d'un carré, d'une toque, d'une assiette ronde, avoir les idées claires et distinctes de deux et trois bien avant d'avoir la moindre idée d'infini[3].

{ *13) Voir Dieu ou voir les idées en Dieu* }

35 [40]. Le dernier raisonnement qui est, dit-il, une démonstration de la vision de toutes choses en Dieu, est celui-ci : « Dieu a fait toutes choses pour lui-même. Mais si Dieu faisait un Esprit [*Spirit*] ou un esprit [*mind*] et lui donnait pour

a. Correction de la main de Locke, qui remplace « et ».

1. *Recherche*, III.II.VI, 201 ; *O.C.*, p. 441.
2. *Ibid.*
3. Sur l'idée d'infini, idée composée et négative et non primaire et positive, contre Descartes et Malebranche et les platoniciens de Cambridge : cf. *Essai*, 2.17.20-21, etc. ; *Remarques*, § 6.

idée ou pour objet immédiat de sa connaissance le soleil, Dieu
ferait cet Esprit ou cet esprit pour le soleil, et non pour lui-
même »[1]. Ce qu'on inférera naturellement, me semble-t-il, de
ce raisonnement, c'est : «Dieu s'est donné lui-même pour
l'idée et pour l'objet immédiat de la connaissance de tous les
esprits humains»; mais comme il est trop manifeste que
l'expérience le dément, notre auteur a changé de conclusion
et dit : « Il est donc nécessaire que la lumière qu'Il donne à
l'esprit nous fasse connaître quelque chose qui soit en Lui »,
par exemple : « parce que tout ce qui vient de Dieu ne peut être
que pour Dieu » : donc un homme cupide voit en Dieu l'argent,
et un perse le soleil qu'il adore ; et de ce fait Dieu est *l'objet
immédiat* de l'esprit de l'un comme de l'autre. Démonstration,
je l'avoue, faite en pure perte pour moi ; je n'en vois pas la
force. Toutes choses, il est vrai, sont faites pour Dieu, c'est-à-
dire pour sa gloire ; et il sera glorifié même par les êtres
raisonnables qui n'utiliseraient pas leurs facultés à le
connaître.

---

1. *Recherche*, III.II.VI, 201-202 ; *O.C.*, p.442 (texte des 4 premières
éditions, que Locke modifie légèrement): «La dernière preuve qui sera peut-
être une démonstration pour ceux qui sont accoutumés aux raisonnements
abstraits, est celle-ci. Il est impossible que Dieu ait d'autre fin principale de ses
actions que lui-même : c'est une notion commune à tout homme capable de
quelque réflexion, et l'Écriture Sainte ne nous permet pas de douter, que Dieu
n'ait fait toutes choses pour lui. Il est donc nécessaire que non seulement notre
amour naturel, je veux dire le mouvement qu'il produit dans notre esprit, tende
vers lui ; mais encore que la connaissance et que la lumière qu'il lui donne nous
fasse connaître quelque chose qui soit en lui ; car tout ce qui vient de Dieu ne
peut être que pour Dieu. Si Dieu faisait un esprit et lui donnait pour idée, ou pour
l'objet immédiat de sa connaissance le soleil, Dieu ferait ce semble cet esprit, et
l'idée de cet esprit pour le soleil et non pas pour lui» Le texte anglais a dû
doubler la traduction de *esprit*, hésitant entre les traductions *mind* et *spirit* ;
cf. *Remarques*,§ 6.

36 [41]. Le paragraphe suivant explique ce point : « Dieu ne peut donc faire une âme pour connaître ses ouvrages, si ce n'est que cet esprit voie en quelque façon Dieu en voyant ses ouvrages »[1]. Précisément « en quelque façon » que, s'il n'en voyait pas davantage, il ne saurait jamais rien d'un Dieu, et ne croirait pas qu'il existât un tel être. Un enfant à peine né voit une chandelle, ou, avant de savoir parler, la balle avec laquelle il joue. Tout cela, il le « voit en Dieu » dont il n'a pas la moindre notion. Quant à savoir si c'en est assez pour nous faire dire que l'esprit est fait pour Dieu, et si c'en est la preuve, je laisse juger les autres.

Je dois convenir que si telle était la connaissance de Dieu pour laquelle seraient faits les êtres intelligents, je ne vois pas comment ils pourraient être faits pour la connaissance de Dieu sans rien connaître de Lui ; et comment ceux qui en nient l'existence seraient faits pour Le connaître. Je ne suis donc pas convaincu de ce qui suit, à savoir que « nous ne voyons aucune chose que par la connaissance naturelle que nous avons de Dieu »[2]. Façon de raisonner qui me paraît tout à fait opposée à celle de l'Apôtre, quand il dit que les choses invisibles de Dieu se voient par les choses visibles qu'il a faites[3]. Car ce sont là, ce me semble, deux façons contraires de raisonner, de dire que nous voyons le Créateur dans ou par ses créatures, ou de dire que nous voyons les créatures dans le Créateur. L'apôtre fait partir notre connaissance des créatures, qui nous conduisent à la connaissance de Dieu si nous voulons bien faire usage de

---

1. *Recherche*, 202 ; *O.C.,* p. 442-443 ; au lieu d'*âme*, Malebranche avait écrit *esprit*.
2. *Recherche*, 202 ; *O.C.*, p. 443.
3. *Épître aux Romains*, 1.20 : « Depuis la création du monde, ses perfections invisibles, éternelle puissance et divinité, sont visibles dans ses œuvres pour l'intelligence ».

notre raison ; tandis que notre auteur part de la connaissance en Dieu et nous conduit par là aux créatures.

37 [42]. Cependant, pour étayer son raisonnement, il dit : « Toutes les idées particulières que nous avons des créatures ne sont que des limitations de l'idée du Créateur »[1]. J'ai l'idée par exemple de la solidité de la matière et du mouvement des corps : quelle est donc l'idée de Dieu que l'une ou l'autre limite ? Et quand je pense au nombre dix, je ne vois point en quoi et comment il concerne ou limite l'idée de Dieu.

{ 14. *Sentiment* }

38 [43]. La distinction qu'il fait plus bas entre *sentiment* et *idée*, loin de m'éclaircir sa doctrine, me l'obscurcit. Il dit textuellement : « Il faut bien prendre garde que je ne dis pas que nous en ayons en Dieu les sentiments [a]-des choses maté-rielles-[a], mais seulement que c'est [b]-par-[b] Dieu qui agit en nous ; car Dieu connaît bien les choses sensibles, mais il ne les sent pas. Lorsque nous apercevons quelque chose de sensible, il se trouve dans nôtre perception *sentiment* et *idée* pure »[2]. Si par *sentiment* – mot dont il se sert en français – il entend l'acte de sensation ou l'opération de l'âme quand elle perçoit, et par *idée pure* [c]-l'objet immédiat de la perception, ce qui est la définition des idées-[c] qu'il nous donne ici au chapitre premier, il y a là quelque chose de fondé, si l'on prend les idées pour des choses réelles ou pour des substances. Mais, à les prendre

a. Ajout de Locke.
b. Ajout de Locke.
c. Passage ajouté dans le manuscrit après la première rédaction.

1. *Recherche*, III.II.VI, 202 ; *O.C.*, p. 443.
2. *Recherche* 203 ; *O.C.*, p. 445.

ainsi, je ne vois pas comment on peut éviter d'avoir à dire aussi bien que nous sentons une rose en Dieu et que nous la voyons en lui : tant l'odeur de la rose que nous sentons que la couleur et la figure de la rose que nous voyons, doivent être en Dieu. Apparemment, ce n'est pas ce qu'il veut dire ici, et cela ne s'accorde pas bien avec ce qu'il dit des idées que nous voyons en Dieu – ce que je considérerai en son lieu[1]. Si par *sentiment* ici, il entend quelque chose qui n'est ni l'*acte de percevoir* ni l'*idée perçue*, je l'avoue, je ne sais pas ce que c'est et ce m'est absolument inconcevable. Quand nous voyons et sentons une violette, nous percevons la figure, la couleur et l'odeur de cette fleur. Et ici je ne puis que demander si elles sont toutes trois des *idées pures* ou des *sentiments* ? Si toutes sont des *idées*, alors selon sa théorie elles sont toutes en Dieu ; et il s'ensuivra que comme je vois la figure de la violette en Dieu, de même j'en vois également la couleur et j'en sens l'odeur en Dieu, manière de s'exprimer qu'il n'accepte pas ; et je ne puis l'en blâmer, car cela fait un peu trop éclater l'absurdité de la doctrine, de dire que nous sentons une violette, que nous goûtons l'absinthe ou que nous éprouvons le froid en Dieu ; et pourtant je ne vois pas pourquoi l'action d'un seul de nos sens s'appliquerait seulement à Dieu, alors que nous usons pareillement de tous ces sens comme de nos yeux en recevant les idées. Si la figure, la couleur et l'odeur sont toutes des *sentiments*, alors aucune d'elles n'est en Dieu, et alors c'en est fait de toute cette histoire de vision en Dieu. Or, s'il est vrai que, comme il le dit apparemment dans ses *Éclaircissements*[2], il faut prendre la figure de la violette pour une *idée*, mais prendre sa *couleur* et son *odeur* pour des *sentiments*, j'avoue être bien en peine de

---

1. § 41 [46].
2. Xe Éclaircissement, *O.C.,* t. III, p. 163 *sq.*

savoir au nom de quelle loi la couleur pourpre d'une violette
dont j'ai dans l'esprit en écrivant, semble-t-il, une idée aussi
claire que celle de sa figure, n'est pas aussi bien une idée que ne
l'est sa figure, étant donné notamment qu'il me dit ici au
chapitre premier (sur la nature des idées) que « par ce mot
d'idée, il n'entend ici autre chose que ce qui est l'objet
immédiat ou le plus proche de l'esprit quand il aperçoit
quelque chose » [1].

39 [44]. « Le sentiment (dit-il tout de suite après,) est une
modification de notre âme » [2]. Ici le terme de *modification*
qui intervient en guise d'explication ne signifie apparemment
rien de plus que le terme à expliquer. Par exemple, je vois la
couleur pourpre d'une violette ; cela, dit-il, c'est du *sentiment*.
Je voudrais bien savoir ce que c'est que ce sentiment ; c'est,
dit-il, une *modification de l'âme*. En présence de ce mot, je
voudrais bien savoir ce que je peux concevoir sur mon âme
grâce à lui ; et ici je l'avoue, je ne puis rien concevoir de plus,
sinon que j'ai dans l'esprit l'idée de pourpre, idée que je
n'avais pas auparavant, sans pouvoir saisir quoi que ce soit que
l'esprit peut bien faire ou subir par là en dehors du fait d'avoir
simplement en lui l'idée de pourpre. Si bien que ce beau mot de
modification ne m'en apprend pas plus que ce que je savais
déjà : à savoir que cette idée de pourpre, je l'ai présentement
dans l'esprit alors que je ne l'avais pas il y a quelques minutes.
En sorte qu'on a beau dire que les sensations sont des modifications de l'esprit, n'ayant nulle idée de ce qu'est cette modification de l'esprit distincte de la sensation elle-même (c'est-à-
dire de la sensation de couleur rouge ou de goût amer), tout
ce que cette explication revient à dire, c'est tout bonnement

1. *Recherche*, III.II.I, § 1, 188 ; *O.C.*, p. 414.
2. *Recherche*, III.II.VI, 203 ; *O.C.*, p. 445.

qu'une sensation est une sensation, que la sensation de rouge ou d'amer est la sensation de *rouge* ou d'*amer*. De fait, si je n'ai d'autre *idée* (quand je dis que c'est une *modification de l'esprit*) que quand je dis que c'est la sensation de rouge ou d'amer, il est clair que *sensation* et *modification* répondent toutes deux à la même idée ; ce ne sont que deux noms pour une seule et même chose.

Toutefois, examinons d'un peu plus près ladite doctrine de la *modification* : donc, différents sentiments sont différentes modifications de l'esprit. Or l'esprit ou l'âme qui perçoit est une unique substance immatérielle et indivisible. Voici maintenant que je vois du blanc et du noir sur ce papier ; j'entends quelqu'un chanter dans la chambre à côté ; assis au coin du feu, j'en sens la chaleur en goûtant la pomme que je mange, tout cela en même temps ! Alors, je le demande, que vous preniez *modification* comme vous le souhaitez, se peut-il que la même substance inétendue et indivisible éprouve à la fois des modifications différentes, voire incohérentes et opposées (comme blanc et noir le sont nécessairement) ? Ou bien irons-nous supposer des parties distinctes dans une substance indivisible, l'une pour l'idée de noir, l'autre pour celle de blanc, une autre encore pour celle de rouge ; et ainsi de suite pour cette infinité de sensations variables en genres et en degrés ? Toutes, nous pouvons les percevoir distinctement ; ce sont donc des idées distinctes, dont certaines sont opposées (comme le chaud et le froid), et pourtant, on peut les éprouver en même temps ! Avant, j'ignorais comment la sensation se produit en nous, et voilà ce qu'on appelle me l'expliquer ! Dirais-je maintenant que je le comprends mieux ? Si c'est là le remède à une ignorance, il faut que celle-ci soit un bien petit mal, pour qu'à tout moment la magie de deux ou trois mots vides de sens puissent le guérir : *probatum est.*

Mais qu'on entende par là ce qu'on voudra, quand j'évoque la figure d'un des pétales d'une violette, n'est ce pas là une nouvelle modification de mon âme, au même titre que quand je pense à sa couleur pourpre ? Et y a-t-il rien de changé dans ce que fait ou éprouve mon esprit quand je vois cette figure en Dieu ?

40 [45]. L'idée de cette figure, dites-vous, est en Dieu, soit ; mais elle peut y être sans que je la voie ; accordons-le. Quand j'en viens à la voir, alors que je ne la voyais pas avant, n'y a-t-il pas là, comme vous le dites, une nouvelle modification de mon esprit ? S'il en est ainsi, alors, voir une figure en Dieu tout comme avoir l'idée de pourpre, est une *modification de l'esprit*, et ainsi la distinction ne veut rien dire. Si voir à présent en Dieu cette figure, qu'une ou deux minutes avant je ne voyais pas du tout, n'est pas une nouvelle modification ou altération de mon esprit, si ce n'est pas une action ou une passion différente de ce qui était avant, il n'y a aucune différence pour ma perception entre voir et ne pas voir.

Les idées des figures, dit notre auteur, sont en Dieu et sont en Lui des êtres réels ; et Dieu étant uni à l'esprit, les idées le sont aussi à l'esprit. Il me semble qu'il y a en tout cela quelque chose de très obscur et d'inconcevable quand j'en viens à l'examiner en détail. Mettons que ce soit aussi clair que possible ; reste encore la principale difficulté : le fait de *voir*. Après tout, comment est-ce que je vois ? Les idées sont en Dieu ; ce sont des choses réelles ; elles sont intimement unies à mon esprit puisque Dieu l'est ; encore est-il que je ne les vois pas. Comment finalement, après tous ces préparatifs jusqu'ici inefficaces, est-ce que je conçois le fait de les voir ? On me répond à cela : « quand il plaît à Dieu de me les découvrir ». Alors, sérieusement, cela me fait l'effet d'avoir décrit un grand détour pour revenir au même point ; et ce savant circuit ainsi entrepris

ne me fait pas aboutir plus loin qu'à ceci : que je vois, que je
perçois, ou que j'ai des idées quand cela plaît à Dieu, mais sans
que je puisse comprendre comment. Mais cela, je le pensais
sans toute cette machinerie.

41 [46]. « Le sentiment, (dit-il tout de suite après) c'est
Dieu qui le cause en nous ; et Il le peut causer quoiqu'il ne
l'ait pas, parce qu'Il voit dans l'idée de notre âme, qu'elle
en est capable »[1]. Je comprends qu'on entend montrer par là
la différence entre *sentiments* et *idées* en nous : ainsi figures et
nombres sont des idées et sont en Dieu, tandis que couleurs et
odeurs, etc. sont en nous des *sentiments*, non des idées en
Dieu[2].

En premier lieu, en ce qui nous concerne, je demande
pourquoi, lorsque j'évoque dans ma mémoire une violette, la
couleur pourpre ne serait pas en moi une idée tout comme la
figure. [Quand] j'en fais dans mon esprit l'image d'une chose
visible (comme d'un paysage que j'ai vu), composée de figures
et de couleurs, la couleur ne serait pas une *idée*, alors que la
figure serait une *idée* et que la couleur serait un *sentiment* ?
Libre à chacun, j'en conviens, d'user des mots comme il
l'entend[3] ; seulement, si c'est pour instruire les autres, il doit,
s'il use de deux mots là où les autres n'en emploient qu'un,
donner quelque fondement à cette distinction[4]. Je ne vois pas
en quoi la couleur du souci à laquelle je pense actuellement,
n'est pas, autant que sa figure, l'*objet immédiat de mon esprit*,
et donc, d'après ces définitions, une idée.

1. *Recherche*, III.II.VI, 203 ; *O.C.*, p. 445.
2. Différence que Locke honore par la distinction entre qualités premières
et qualités secondes, qui sont néanmoins pour lui toutes deux des idées.
3. *Essai*, 3.2.8.
4. *Essai*, 3.10.23 (entre autres).

ᵃ-Quant à ce qui concerne Dieu, je demande si, avant la création du monde, l'idée du-ᵃ souci tout entier, couleur aussi bien que figure n'était-elle pas en Dieu ? «Dieu, dit-il, peut causer ces sentiments en nous, parce qu'Il voit dans l'idée qu'Il a de notre âme, qu'elle en est capable »[1]. Dieu, avant de créer une âme, savait tout ce dont Il la rendrait capable : Il décida de la rendre capable de percevoir tant la couleur que la figure du souci ; Il avait donc *l'idée* de la couleur dont Il décida de la rendre capable, sans quoi Il l'eût rendue capable de ce que – si j'ose dire – Il ne connaissait pas ; ou alors, s'Il savait ce dont elle serait capable, Il avait l'idée de ce qu'Il savait ; car avant la création, il n'y avait que Dieu et les idées qui étaient en Lui. Certes, la couleur de cette fleur n'est pas effectivement en Dieu, et sa figure non plus. Mais nous, qui ne pouvons considérer un autre entendement que par analogie[2] avec le nôtre, nous ne pouvons concevoir ces idées en Dieu autrement qu'à la manière dont les idées de figures, de couleurs et de situations des pétales du souci sont dans notre esprit, lorsque, la nuit, nous pensons à cette fleur sans la voir ; et il en était ainsi des pensées de Dieu avant qu'Il fît cette fleur. C'est ainsi que nous concevons que Dieu a l'idée de la senteur d'une violette, du goût du sucre, du son d'un luth ou d'une trompette, de la douleur ou du plaisir qui doivent accompagner ces sensations ou d'autres, ainsi en a-t-Il décidé bien qu'Il ne les ait jamais éprouvées : c'est ainsi que nous avons en hiver l'idée du goût d'une cerise, ou la douleur d'une brûlure une fois celle-ci passée. C'est de la sorte, à mon avis, que nous concevons les idées en Dieu : il nous faut bien admettre que ces idées Lui ont

a. Ajout au manuscrit de la main de Locke.

1. *Recherche*, III.II.VI, 203 ; *O.C.*, p. 445 (cité ci-dessus).
2. *Essai*, 4.16.12.

représenté distinctement tout ce qui devait se dérouler dans le temps – donc les couleurs, les odeurs et toutes les idées qu'elles devaient produire en nous. Je n'aurai pas l'audace de prétendre spécifier ce que sont ces idées en Dieu, ou d'établir qu'il s'agit d'êtres réels ; je pense du moins être en droit de dire que l'idée de la couleur d'un souci, ou celle du mouvement d'une pierre sont aussi bien des êtres réels en Dieu que la figure et le nombre des pétales de ce souci.

{ 15. *Volonté* }

42 [47]. Que le lecteur ne me tienne pas rigueur d'employer en tout ceci le mot de *sentiment* propre à notre auteur ; je le comprends si peu que je n'ai su comment le traduire autrement.

Il conclut « qu'il croit qu'il n'y a aucune apparence de vérité dans toute autre manière d'expliquer ces choses, et que celle de la vision en Dieu est plus que probable »[1]. J'ai envisagé cela avec autant d'impartialité et d'attention que possible, et cela m'apparaît, je dois l'avouer, aussi peu intelligible que tout le reste, et même moins ; et le résumé de sa doctrine qu'il y joint m'est totalement incompréhensible. Il s'exprime en ces termes : « Ainsi nos âmes dépendent de Dieu en toutes façons ; car de même que c'est lui qui leur fait sentir la douleur, le plaisir et toutes les autres sensations, par l'union naturelle qu'il a mise entre elle et nos corps, qui n'est autre que son décret et sa volonté générale ; ainsi c'est lui qui, par l'union naturelle qu'il a mise aussi entre la volonté de l'homme et la représentation des idées que renferme l'immensité de

---

1. *Recherche*, III.II.VI, 204 ; *O.C.*, p. 447 ; texte original : « Mais on croit qu'il n'y a aucune vraisemblance dans toutes les autres manières d'expliquer ces choses, et que cette dernière paraîtra plus que vraisemblable ».

l'être divin, leur fait connaître tout ce qu'elles connaissent ; et
cette union naturelle n'est aussi que cette volonté générale » [1].
Cette expression : *l'union de nos volontés aux idées contenues
dans l'immensité divine* me paraît très étrange, et je ne vois
vraiment pas comment cela éclaire sa doctrine. Cela m'a paru
à ce point inintelligible que j'ai soupçonné une erreur typo-
graphique dans l'édition dont je me servais (la quatrième
édition imprimée à Paris en 1678 [2]) ; j'ai donc consulté
l'édition *in 8°* également imprimée à Paris [3] ; or le mot *volonté*
se trouvait dans les deux. Ici encore, il est fait mention de
l'*immensité de l'être divin* comme ce qui *contient* en elle les
idées auxquelles sont unies nos *volontés* ; or ces idées n'étant
que celles de qualités, comme je le montrerai plus loin [4],
cela me semble impliquer une notion très grossière de cette
question, comme nous l'avons remarqué plus haut. Mais ce
que je retiens surtout ici, c'est que cette union de nos *volontés*
aux idées contenues dans l'immensité de Dieu n'explique pas
le moins du monde comment nous les voyons. Cette union de
nos volontés aux idées, ou – comme il le dit ailleurs – de nos
âmes à Dieu, n'est autre, dit-il, que la volonté de Dieu. Et après
cette union, nous ne les voyons que quand Dieu nous les
découvre ; autrement dit, les avoir en esprit n'est autre que la
volonté divine ; et tout ceci se produit d'une manière que nous
ne comprenons pas ; et qu'est-ce que cela nous explique donc

1. *Recherche*, 204 ; *O.C.*, p. 447.
2. *De la Recherche de la vérité* [par N. Malebranche], quatrième édition
revue et augmentée de plusieurs éclaircissements, Paris, A. Pralard, 1678,
In-4°.
3. *De la Recherche de la vérité* [par N. Malebranche], Paris, A. Pralard ,
1678, In-8° (édition qui n'est pas dans le catalogue de la bibliothèque de
Locke).
4. § 52 [59] ?

de plus que quand l'on dit que notre âme est unie à notre corps
par la volonté divine et par le mouvement de quelques parties
de nos corps, si l'on dit par exemple que dans les nerfs ou les
esprits-animaux se produisent des idées ou perceptions, et que
telle est la volonté divine? En quoi ceci n'est-il pas aussi
intelligible et clair que l'autre? Dans les deux cas, c'est la
volonté de Dieu qui donne l'union et la perception; mais
comment s'accomplit cette perception dans chaque voie, cela
me semble également incompréhensible. Dans l'une, Dieu
découvre quand il Lui plaît les idées qu'Il contient à l'âme
qui Lui est unie; dans l'autre, Il découvre les idées à l'âme, ou
dans l'âme unie au corps Il produit des perceptions par le
mouvement, conformément aux lois établies par le bon plaisir
de Sa volonté; mais quant à savoir comment cela a lieu dans
l'un ou l'autre cas, j'avoue mon incapacité à le comprendre.
C'est pourquoi je suis parfaitement d'accord avec l'auteur
quand il conclut que: «Il n'y a que Lui qui nous puisse
éclairer»[1]. Quant à une claire compréhension de la façon dont
Il le fait, je doute de l'avoir jamais, tant que je n'en saurai pas
beaucoup plus sur Lui et sur moi que dans cet état de ténèbres
et d'ignorance dont notre âme est capable.

{16. *Dieu pénètre l'âme*}

43 [48]. Au chapitre suivant (chap. 7), il nous dit qu'il y a
«quatre manières de connaître; la première est de connaître
les choses par elles-mêmes»[2]. C'est ainsi, dit-il, que «nous
connaissons Dieu seul», et la raison qu'il en donne, c'est que

---

1. *Recherche*, 204; *O.C.*, p. 447: «De sorte qu'il n'y a que lui qui nous
puisse éclairer, en nous présentant toutes choses…».
2. *Recherche*, III.II.VII.§ 1; *O.C.*, p. 448.

« il n'y a présentement que lui seul qui pénètre l'esprit et se découvre à lui » [1].

[49]. D'abord je voudrais bien savoir ce que c'est que *pénétrer* une chose qui est *inétendue* ? Ce sont là façons de parler empruntées aux corps, qui ne signifient *rien* appliquées à l'esprit, et ne font rien voir si ce n'est notre *ignorance*. À [l'assertion que] Dieu pénètre notre esprit, il joint [cette autre] qu'il *se découvre*, comme si l'un était la cause de l'autre et l'expliquait ; mais comme je ne conçois rien de la pénétration d'une chose inétendue, tout cela est peine perdue pour moi.

Mais ensuite il dit que Dieu pénétrant notre âme, « nous le voyons d'une vue directe et immédiate » [2]. Les idées de toutes choses qui sont en Dieu, nous dit-il ailleurs, ne diffèrent nullement de Dieu lui-même. Et si la pénétration de Dieu en notre esprit était cause de notre vue directe et immédiate de Dieu, nous aurions ainsi une vue directe et immédiate de tout ce que nous voyons : rien d'autre que Dieu et les idées ; et il nous est impossible de savoir qu'il y a quoi que ce soit de plus dans l'univers ; car, puisque nous ne voyons et ne pouvons voir que Dieu et les idées, comment saurions-nous qu'il y a autre chose que nous ne voyons ni ne pouvons voir ?

---

1. *Recherche*, III.II.VII.§ 2 ; *O.C.*, p. 449 : « Il n'y a que Dieu que l'on connaisse par lui-même : car encore qu'il y ait d'autres êtres spirituels qui lui et qui semblent être intelligibles par nature, il n'y a présentement que lui qui pénètre l'esprit et se découvre à lui » (texte des 4 premières éditions ; le texte ensuite se terminera par : « … il n'y a que lui seul qui puisse agir dans l'esprit et se découvrir à lui »).

2. *Recherche*, 205 ; *O.C.*, p. 449 (4ᵉ édition) : « Il n'y a que Dieu que nous voyions d'une manière immédiate et directe ».

{17. *L'idée de Dieu*}

Mais s'il y avait quelque chose à comprendre par cette *pénétration* de nos âmes et si nous avions une vue directe de Dieu par cette *pénétration*, pourquoi n'aurions-nous pas *aussi une vue directe et immédiate* d'Esprits séparés, autres que Dieu? Il répond à cela qu'il n'y a que Dieu seul qui actuellement pénètre notre Esprit. Voilà ce qu'il dit, mais je ne vois pas pour quelle autre raison, sinon parce que cela convient à son hypothèse ; il ne le prouve pas et il n'est pas près de le prouver, à moins que l'on ne prenne pour preuve la *vue directe et immédiate* que d'après lui nous avons de Dieu. Mais quelle est donc cette *vue directe et immédiate* que nous avons de Dieu et que nous ne puissions avoir d'un chérubin ? Les idées d'être, de pouvoir, de connaissance, de bonté, de durée composent l'idée complexe que nous avons de l'un comme de l'autre ; mais, dans l'une nous joignons l'idée d'infini à chaque idée simple qui constitue notre idée complexe, alors que dans l'autre nous y joignons celle de fini[1]. Mais comment avoir une vue plus directe et immédiate des idées de pouvoir, de connaissance ou de durée quand nous les considérons en Dieu que quand nous les considérons dans un ange ? Pour moi, la vue de ces idées semble la même. Bien sûr, nous avons une preuve plus claire de l'existence de Dieu que de celle d'un chérubin ; mais l'idée de l'un comme de l'autre, quand nous l'avons en esprit, semble y être d'une *vue* également *directe et immédiate*. Mais c'est bien des idées dans notre esprit qu'il est question ici dans cette enquête de notre auteur, me semble-t-il, et non de l'existence réelle des choses dont nous avons les idées, deux questions bien éloignées l'une de l'autre.

1. Composition de l'idée de Dieu : cf. *Essai*, 2.23.6, 33-35, opposée à la thèse de Malebranche ; par exemple, *Recherche*, III.II.VI ; *O.C.*, p. 441.

44 [50]. « Peut-être est-ce Dieu seul, dit notre auteur, qui puisse éclairer nos esprits par sa substance »[1]. Quand je saurai ce qu'est la *substance* de Dieu, et ce que c'est que d'être éclairé par elle, je saurai aussi qu'en penser ; mais pour le moment, j'avouerai être dans le noir sur cette question ; et ce ne sont pas ces beaux mots de *substance* et d'*éclairer* utilisés comme ils le sont ici qui m'en feront sortir d'un pas.

45 [51]. Il poursuit en disant : « On ne peut concevoir que quelque chose de créé puisse représenter l'infini »[2] ; et moi je ne puis concevoir qu'il y ait en quelque esprit fini une idée positive et compréhensive qui le représente aussi pleinement et clairement tel qu'il est. Je ne vois pas que l'infinité soit positivement et pleinement représentée ou comprise par l'esprit humain ; ce qui devrait être le cas si son raisonnement était vrai : Dieu éclaire notre esprit par sa propre substance, car nul être créé n'est assez grand pour représenter l'infini. Par conséquent, ce qui nous fait concevoir son infinité, c'est la présence dans notre esprit de sa propre substance infinie ; et pour moi cela suppose manifestement que nous comprenions en notre esprit la substance divine infinie qui lui est présente. Car si ce n'était pas la force de son raisonnement là où il dit : « Rien de créé ne peut représenter ce qui est infini, l'être qui est sans limite ; l'être immense, l'être universel ne peut être perçu par une idée, c'est-à-dire par un être particulier, par un être différent de l'être universel et infini lui-même »[3] [...] ; ce raisonne-

---

1. *Recherche*, 205 ; *O.C.*, p. 449 (1re-3e éditions) : « Peut-être même qu'il n'y a que lui qui puisse éclairer l'esprit par sa propre substance ».

2. *Recherche*, 205 ; *O.C.*, p. 449.

3. *Ibid.*, « [On ne peut concevoir que...] quelque chose de créé puisse représenter l'infini ; que l'être sans restriction, l'être immense, l'être universel puise être aperçu par l'idée, ; c'est-à-dire par un être particulier, par une être différent de l'être universel et infini ». L'anacoluthe qui suit est le fait de Locke.

ment repose, ce me semble, sur la supposition que nous comprenions en notre esprit la substance infinie de Dieu, autrement je n'y verrais aucune force, comme je l'ai dit.

{18. *Dieu universel et choses singulières*}

Je relèverai une ou deux choses qui me confondent. D'abord, le fait d'appeler Dieu l'*être universel*. Or de deux choses l'une : ou bien cela doit vouloir dire l'être qui contient tout le reste et en est composé, comme un agrégat compréhensif de tout le reste – auquel cas l'univers mériterait de s'appeler l'être universel ; ou bien cela doit vouloir dire l'être en général, ce qui n'est rien d'autre que l'idée d'être, abstraite de toutes les divisions inférieures de cette notion générale et de toute existence particulière[1]. Mais en aucun de ces sens je ne puis concevoir Dieu comme l'être universel, puisque je ne puis penser que les créatures en soient une partie ou une espèce[2].

Ensuite, il appelle les idées qui sont en Dieu des « êtres particuliers ». Tout ce qui existe, j'en conviens, est particulier ; il ne saurait en être autrement. Mais ce qui est particulier en existence peut être universel en représentation – c'est le cas d'après moi de tous les êtres universels que nous connaissons ou que nous pouvons concevoir comme existants[3]. Mais *que les êtres universels ou particuliers* soient ce que l'on voudra, je ne vois pas comment notre auteur peut dire que Dieu est un *être universel* et les idées que nous voyons en lui des *êtres particuliers*, étant donné qu'il nous dit ailleurs que les idées que nous voyons en Dieu ne diffèrent nullement de lui.

---

1. *Essai*, 2.11.9 ; 3.3.9.
2. Accusation de spinozisme : *cf.* Malebranche, *Correspondance avec Dortous de Mairan*.
3. Cf. *Essai*, 2.11.9 ; 4.9.1.

« Mais, dit-il, pour les êtres particuliers, il n'est pas difficile de concevoir qu'ils puissent être représentés par l'être infini qui les renferme, et qui les renferme d'une manière très spirituelle et par conséquent très intelligible »[1]. Il me semble aussi impossible qu'un être infini et simple (en lequel il n'y a ni variété ni ombre de variété) représente un être fini, qu'un être fini représente un infini ; pas plus que je ne vois comment le fait qu'« il renferme toutes choses d'une manière très spirituelle » rende cela « très intelligible », puisque je ne comprends pas ce que c'est que de contenir une chose matérielle *spirituellement*, ni de quelle manière Dieu contient toutes choses en Lui ; ce ne peut être que [de deux manières] ; soit comme un agrégat contient tout ce dont il est fait – en ce cas on peut certes voir celle de ses parties qui est à portée de notre vue, mais cette manière de *tout contenir* ne peut à aucun prix appartenir à Dieu : faire que les choses soient visibles en lui, c'est faire du monde matériel une partie de lui ; soit [encore] comme doté du pouvoir de tout produire – en ce cas, il est vrai de dire que Dieu contient toutes choses en lui-même, mais d'une manière inadaptée à rendre l'être de Dieu représentatif de ces choses pour nous, car alors son *être,* étant représentatif des effets de ce pouvoir, doit nous représenter tout ce qu'il est capable de produire, ce qui n'est pas ce que je constate pour mon cas.

{ 19. *Connaissance des corps ; l'étendue* }

[52]. « La seconde manière de connaître les choses, nous dit-il, est de connaître par leurs idées, c'est-à-dire par quelque

---

1. *Recherche*, III.II.VI, 205 ; *O.C.*, p. 449 (éditions 1 à 4). Malebranche corrigera ensuite : « ...renferme dans sa substance très efficace et par conséquent très intelligible ».

chose qui soit différent d'elles »[1], et ainsi « nous connaissons
les choses quand elles ne sont pas intelligibles par elles-
mêmes, soit parce qu'elles sont corporelles, soit parce qu'elles
ne peuvent pénétrer l'esprit ou se découvrir à lui »[2] et telle est
la manière dont « nous connaissons les choses corporelles »[3].
Ce raisonnement, je ne le comprends pas ; 1° parce que je ne
comprends pas pourquoi une ligne ou un triangle n'est
pas aussi intelligible que n'importe quelle chose qu'on peut
nommer ; car n'oublions pas dans tout cela que ce qu'on nous
dit ici concerne notre perception, ou ce dont nous avons en
l'esprit idée ou conception ; 2° parce que je ne comprends pas
ce qu'on entend par *pénétrer* un Esprit ; et tant que je ne
comprendrai pas les prémisses sur lesquelles repose ce
raisonnement, celui-ci ne portera pas sur moi.

Mais de cet argument il conclut : « Ainsi c'est en Dieu et
par leurs idées que nous voyons les corps avec leurs propriétés,
et c'est pour cela que la connaissance que nous en avons est
très parfaite »[4]. Que d'autres pensent que ce que nous voyons
des corps, nous le voyons en Dieu en voyant leurs idées
contenues en Lui, libre à eux de le penser ; pourquoi, moi, je ne
le puis, je l'ai montré ; mais l'inférence qu'il en tire ici (que
nous connaissons les corps et leurs propriétés très parfaitement) il en est peu, je crois, qui y souscriront ; car qui donc
peut dire qu'il connaît très parfaitement les propriétés, ou du
corps en général, ou de tels corps en particulier ? Une propriété
d'un corps en général est d'avoir des parties ayant entre elles
cohésion et union, car là où il y a corps, il y a cohésion des

1. *Recherche*, III.II.VI, 205, § 1 ; *O.C.*, p. 448.
2. *Ibid.*, § 2 ; p. 449.
3. *Ibid.*, § 3 ; p. 450 (texte approchant).
4. *Recherche*, 205, § 3 ; p. 450.

parties[1] ; mais qui donc comprend parfaitement cette cohésion ? Et quant aux corps particuliers, qui dira qu'il comprend
parfaitement l'or ou l'aimant avec toutes ses propriétés[2] ?

Mais pour s'en expliquer, il dit que « l'idée que nous
avons de l'étendue suffit pour nous faire connaître toutes les
propriétés dont l'étendue est capable, et que nous ne pouvons
désirer d'avoir une idée plus distincte et plus féconde de
l'étendue, des figures et des mouvements que celle que Dieu
nous en a donnée »[3]. Étrange preuve, me semble-t-il, de l'opinion que nous voyons « les corps et leurs propriétés en Dieu »
et que « nous les connaissons parfaitement » que cette raison :
Dieu nous a donné des idées distinctes et fécondes de l'étendue, de la figure et du mouvement ; car cela fût revenu au
même que Dieu nous eût donné ces idées en nous les montrant
en lui, ou tout autrement. Et quand il dit que Dieu « nous
a donné des idées aussi distinctes et fécondes » que nous
pouvons le désirer, c'est comme si notre auteur en avait
d'autres pensées. S'il pensait que nous les voyons en Dieu, il
faudrait penser que nous les voyons en elles-mêmes, et alors il
n'y aurait pas lieu de dire : « Dieu nous les a données aussi
distinctes que nous pouvons le désirer ». Les appeler *fécondes*
le montre plus encore : car quiconque pense voir les idées des
figures en Dieu, et n'en peut voir aucune qu'en Lui, que peut-il
avoir en tête quand il appelle l'une d'elles *féconde*[4], ce qui ne
saurait s'appliquer qu'aux choses propres à en produire
d'autres ? Cette expression ne peut procéder chez lui que de
cette pensée : une fois acquise l'idée d'étendue, je puis former

1. *Essai*, 2.4.

2. *Essai*, 3.6.29, etc.

3. *Recherche*, 205, § 3 ; *O.C.*, p. 450 (le texte de Malebranche se termine
par : « …Dieu nous en donne »).

4. En français dans le texte.

autant de figures d'autant de grandeur qu'il me plaît. Ce en
quoi je suis d'accord avec lui, comme il appert de ce que j'ai
dit (*Essai*, 2.13). Mais cela ne peut en aucune façon procéder
de la supposition que je vois ces figures en Dieu seulement ; car
là elles ne se produisent pas les unes les autres ; elles y sont
pour ainsi dire en leur premier archétype, pour être vues juste
telles et en tel nombre qu'il plaît à Dieu de nous les montrer.
Mais, dira-t-on, notre désir de les voir est la cause
occasionnelle qui fait que Dieu nous les montre, et ainsi
voyons-nous toute figure que nous désirons. Soit, mais cela ne
rend pas une idée *féconde* [1], car ici l'une ne produit pas l'autre.
Quant à la cause occasionnelle, qui peut dire qu'il en est ainsi ?
Nous désirons, moi ou notre auteur, voir un angle immédiatement supérieur à un angle droit : Dieu nous a-t-il jamais
montré de ce fait, à l'auteur ou à moi, un tel angle ? Que Dieu
connaisse, ou ait en Lui-même l'idée d'un tel angle, ne sera
pas nié, je pense ; mais qu'Il l'ait jamais montré à quiconque,
quelque désir que celui-ci en eût, on en doutera je pense.

Mais après tout, comment se fait-il, alors, que nous ayons
par cette voie une « parfaite connaissance des corps et de leurs
propriétés », alors que différents hommes à travers le monde
n'ont pas la même idée du corps, et que précisément lui et moi
divergeons là-dessus ? Lui pense que c'est la simple étendue
qui constitue le corps, tandis que pour moi, l'étendue seule ne
constitue pas le corps, mais bien l'étendue et la solidité. Il faut
donc que l'un de nous, lui ou moi, ait une connaissance erronée
et imparfaite des corps et de leurs propriétés. Si les corps
ne sont en effet rien de plus que de l'étendue, je ne vois pas
comment ils peuvent se mouvoir et s'entrechoquer, ni ce qui
peut engendrer des surfaces distinctes en une étendue simple

---

1. En français dans le texte.

et uniforme. Une chose étendue et solide, je puis la concevoir mobile ; mais alors, si j'ai une vue claire des corps et de leurs propriétés en Dieu, je dois voir l'idée de solidité en Dieu ; or d'après ce que dit notre auteur dans ses *Éclaircissements*[1], je crois qu'il ne nous l'accorde pas.

Il dit ensuite : « Comme les idées des choses qui sont en Dieu renferment toutes leurs propriétés, qui en voit les idées en peut voir successivement toutes les propriétés »[2]. Cela ne concerne pas davantage nos idées, semble-t-il, que nous les voyions en Dieu ou autrement. Quelque idée que nous ayons, d'où qu'elle nous vienne, elle contient en elle toutes les propriétés qu'elle possède, lesquelles ne sont autres que les relations qu'elle a à d'autres idées, toujours les mêmes.

Ce qu'il dit des *propriétés* (que nous pouvons « les voir successivement ») est également vrai, que nous les voyions en Dieu ou qu'elles nous viennent par tout autre moyen. Ceux qui s'appliquent comme il faut à la considération de leurs idées peuvent parvenir successivement à connaître certaines de leurs propriétés ; quant à dire qu'ils les peuvent connaître toutes, c'est à mon avis plus que son raisonnement ne prouve, quand il ajoute : « Lorsqu'on voit les choses comme elles sont en Dieu, on les voit toujours d'une manière très parfaite »[3]. Mettons que par exemple nous voyions en Dieu l'idée d'un triangle ou d'un cercle : s'ensuit-il que « nous puissions connaître toutes les propriétés » de l'un ou de l'autre ? Il ajoute que la manière dont nous voyons les choses « serait infiniment parfaite si

---

1. Titre en français dans le texte. Cf. *Recherche*, Éclaircissement X ; *O.C.*, t. III, p. 163 : la solidité serait sentiment en nous et non idée en Dieu, à la différence de l'étendue ; *cf.* ci-dessus, *Examen*, § 38 [43] *in fine*.
2. *Recherche*, 205, § 3 ; *O.C.*, p. 450.
3. *Ibid.*

l'esprit qui les voit en Dieu était infini »[1]. J'avoue ne pas bien comprendre la distinction qu'il fait entre voir d'une manière « très parfaite »[2] et infiniment parfaite.

Il ajoute : « Ce qui manque à la connaissance de l'étendue, des figures et du mouvement n'est point un défaut de l'idée qui la représente, mais de notre esprit qui la considère »[3]. Si l'on entend ici par *idées* les objets réels de notre connaissance, j'en conviens volontiers : le manque de connaissance est en nous un défaut de notre esprit, non des choses connues. Mais si l'on entend ici par *idées* la perception ou la représentation des choses dans l'esprit, je suis bien obligé de constater qu'elle est en moi très imparfaite et déficiente : ainsi quand je désire percevoir quelle est la substance du corps ou de l'esprit, leur idée me fait défaut. Pour conclure, je ne vois rien dans ce paragraphe susceptible d'apporter quelque soutien à la doctrine de la vision en Dieu.

{20. *Connaissance de son âme*}

46 [53]. « La troisième, de les connaître par conscience ou par sentiment intérieur »[4]. « Et c'est ainsi, dit-il, que nous connaissons nos âmes » ; « et c'est pour cela que la connaissance que nous en avons est très imparfaite : nous ne savons de notre âme que ce que nous sentons se passer en nous »[5]. Cet aveu de notre auteur me ramène, quoique j'en aie, à l'origine de toutes nos idées à laquelle m'ont amené mes pensées quand

1. *Ibid.*
2. Expression donnée en français dans le texte, puis traduite en anglais.
3. *Recherche*, 205, § 3 ; *O.C.*, p. 450.
4. *Ibid.*, § 1.
5. *Ibid.*, § 4.

j'écrivis mon livre, à savoir la sensation et la réflexion[1]. Je suis
donc obligé de demander à quiconque adhère aux principes de
notre auteur si Dieu n'a pas l'idée de moi-même ou d'une
âme humaine avant de la créer. Puis si, oui ou non, l'idée d'une
âme humaine n'est pas tout autant un *être réel* en Dieu que
l'idée d'un triangle ? Et s'il en est ainsi, pourquoi mon âme,
intimement unie à Dieu, ne voit pas aussi bien sa propre idée
qui est en Lui que celle du triangle qui y est aussi ? Et comment
justifier que Dieu nous ait donné l'idée d'un triangle et non
celle de notre âme, sinon en disant que Dieu nous a donné une
sensation externe pour percevoir l'une et aucune pour percevoir l'autre, si ce n'est une sensation interne pour percevoir
l'opération de celle-ci ? Qui le veut peut lire ce que dit notre
auteur à la fin [du paragraphe] ainsi que dans les deux ou trois
paragraphes suivants : il verra si cela le fait progresser au-delà
du point où mon ignorance m'arrête. Ce n'est pas le cas pour
moi.

{21. *Idée, modification de l'âme*}

47 [54]. « Cela, (c'est-à-dire l'ignorance où nous sommes
de notre propre âme), dit-il, peut servir à prouver que les idées
qui nous représentent quelque chose hors de nous ne sont point
des modifications de notre âme. Car si l'âme voyait toutes
choses en considérant ses propres modifications, elle devrait
connaître plus clairement son essence ou sa nature que celle
des corps, et toutes les sensations ou modifications dont elle
est capable, que les figures ou modifications dont les corps
sont capables. Cependant elle ne connaît point qu'elle soit
capable d'une telle sensation par la vue qu'elle a d'elle-même,

---

1. *Essai*, 2.1.2.

mais seulement par expérience : au lieu qu'elle connaît que l'étendue est capable d'un nombre infini de figures par l'idée qu'elle a de l'étendue. Il y a même certaines sensations comme les couleurs et les sons, que la plupart des hommes ne peuvent reconnaître si elles sont des modifications de l'âme, et il n'y a point de figures que tous les hommes ne reconnaissent par l'idée qu'ils ont de l'étendue être des modifications des corps » [1].

Ce paragraphe, nous assure-t-il, est destiné à prouver que « les idées qui nous représentent quelque chose hors de nous ne sont point des modifications de notre âme ». Mais au lieu de cela, cela semble prouver que la figure est une modification de l'espace, non de notre âme. Car si le raisonnement tendait à prouver que « les idées qui nous représentent quelque chose en dehors de nous ne sont point des modifications de notre âme », alors il n'aurait pas dû opposer l'esprit qui ne connaît pas de quelle modification il est capable, et l'esprit qui connaît de quelle figure l'espace est capable ; mais l'antithèse devrait consister en ceci que l'esprit se sait capable de percevoir figure ou mouvement sans être en rien modifié, alors qu'il n'est pas capable de percevoir son ou couleur sans être modifié. En effet la question qui se pose ici n'est pas de savoir si l'espace est capable de figure et non l'âme, mais si l'âme est capable de percevoir ou d'avoir l'idée de figure sans subir elle-même aucune modification, tout en n'étant pas capable d'avoir l'idée de couleur sans en subir.

Je pense actuellement à la figure, à la couleur et à la dureté d'un diamant que j'ai vu il y a quelque temps ; qu'on me fasse savoir en quoi dans cet exemple mon esprit sait que penser à la figure ou en avoir l'idée, n'est pas une modification de l'esprit

1. *Recherche*, 205, §4, 206 ; *O.C.*, p. 452 (4ᵉ édition).

tandis que penser à la couleur, à la dureté ou en avoir l'idée, en est une ? Il est certain qu'il y a dans mon esprit une altération quand je pense à une figure à laquelle je ne pensais pas auparavant aussi bien que lorsque je pense à une couleur à laquelle je ne pensais pas avant ; mais voici qu'on me dit que l'une est vision en Dieu, l'autre modification de l'esprit. À supposer que la première soit vision en Dieu, y a-t-il altération en mon esprit [dans la transition] entre non-vision et vision ? Et faut-il l'appeler ou non *modification* ? Car quand l'auteur dit que voir une couleur ou entendre un son est une modification de l'esprit, qu'est-ce à dire, sinon une altération de l'esprit passant de ne-pas-percevoir à percevoir ce son ou cette couleur ? Et ainsi quand l'esprit voit un triangle qu'il ne voyait pas avant, qu'est-ce sinon une altération de l'esprit du non-voir au voir, que cette figure soit ou non vue en Dieu ? Et pourquoi ne faut-il pas appeler cette altération de l'esprit *modification*, aussi bien que l'autre ? En vérité, quel service nous rend ce mot dans l'un ou l'autre cas, si ce n'est qu'un nouveau son, introduit sans rien concevoir de plus ? Mon esprit, je le sais, quand il voit une couleur ou une figure, subit l'altération depuis ne-pas-avoir-telle-ou-telle-perception jusqu'à l'avoir. Mais, vient-on me dire, pour expliquer cela, que chacune de ces deux perceptions est une modification de l'esprit, qu'est-ce que je conçois de plus, sinon que de ne-pas-avoir-telle-perception, mon esprit en est arrivé à avoir-telle-perception ? C'est ce que je savais aussi bien avant l'utilisation de *modification* ; et son utilisation ne m'a rien fait concevoir de plus que ce que je concevais avant[1].

---

1. Cf. *Remarques*, § 2.

{22. *Corps et étendue*}

48 [55]. Il y a quelque chose que je ne puis m'empêcher de
remarquer ici en passant, c'est qu'il dit que l'« âme connaît que
l'étendue est capable d'un nombre infini de figures par l'idée
qu'elle a de l'étendue », ce qui est vrai ; et il ajoute qu'« il n'y a
point de figures que tous les hommes, par l'idée qu'ils ont de
l'étendue, ne reconnaissent être des modifications du corps » [1].

On pourrait se demander pourquoi il ne dit pas
« modifications de l'étendue » plutôt que « modifications du
corps » comme il le fait, puisqu'elles sont « découvertes par
l'idée d'étendue » ; mais la vérité ne tolérerait pas une telle
expression, car il est certain que dans l'espace pur ou la pure
étendue, sans limites, il n'y a en vérité pas de distinction de
figures, alors que dans les corps distincts qui ont des limites,
il y a des figures distinctes ; en effet le simple espace (ou la
simple étendue), étant en lui-même uniforme, inséparable,
immuable, n'a pas en lui de telle modification ou distinction
de figures. Mais il en est « capable », dit-il ; mais de quoi ? De
corps de toutes sortes de figures et de grandeurs sans lesquelles
il n'y aurait nulle distinction de figures dans l'espace ? Les
corps qui sont solides, séparables, limités et mobiles, revêtent
toutes sortes de figures ; et seuls les corps ont des figures ; ainsi
les figures sont en propre des modifications des corps, car
l'espace pur n'est nulle part limité, et ne peut l'être. Qu'il
contienne ou non un corps, il est uniforme et continu. Ceci me
montre clairement que corps et étendue sont deux choses, bien
que maint élément de la doctrine de notre auteur repose sur
l'idée qu'ils sont une seule et même chose [2].

---

1. *Recherche*, 205, § 4, 206 ; *O.C.*, p. 452 (4ᵉ édition).
2. *Essai*, 2.4.3 ; 2.13.24-27.

{23. *Idée et sentiment*}

49 [56]. Le paragraphe suivant est destiné à nous montrer la différence entre idées et sentiments ; elle consisterait en ce que « les sentiments ne sont pas attachés aux mots ; si quelqu'un n'avait jamais vu de couleur ni senti de chaleur, on ne pourrait lui faire connaître ces sensations par toutes les définitions qu'on lui en donnerait »[1]. Cela est vrai de ce qu'il nomme *sentiments*, mais tout aussi bien de ce qu'il nomme *idées*[2]. Montrez-moi quelqu'un qui n'a pas acquis par expérience (c'est-à-dire en voyant ou en touchant) les idées d'espace ou de mouvement, et je ferai concevoir, avec des mots, la chaleur à quelqu'un qui ne l'a jamais ressentie, aussi rapidement que, à celui qui n'a pas perçu par ses sens ce qu'est l'espace ou le mouvement, on pourra faire concevoir l'un ou l'autre avec des mots ! La raison pour laquelle nous sommes portés à penser que ces idées appartenant à l'étendue nous viennent par une autre voie que les autres, c'est que, notre corps étant étendu, nous ne pouvons manquer la distinction des parties en nous ; et comme c'est par mouvement que tout ce qui nous maintient en vie nous est apporté, il est impossible de trouver quelqu'un qui n'ait acquis ces idées par l'expérience, et qui n'ait donc appris par l'usage du langage ce que représentent ces mots : ces mots, par l'accoutumance, en sont venus à évoquer ces idées en son esprit, comme les mots de *chaleur* et de *plaisir* évoquent en fait à l'esprit de ceux qui

---

1. *Recherche*, 205, § 4 ; *O.C.*, p. 452. « Car puisqu'on ne connaît ni l'âme, ni ses modifications par des idées, mais seulement par des sentiments, et que de tels sentiments de plaisir, de douleur, de chaleur, etc. ne sont point attachés aux mots, il est clair que si quelqu'un n'avait jamais vu de couleur ni senti de chaleur, on ne pourrait lui faire connaître ces sensations par toutes les définitions qu'on lui donnerait ».

2. *Essai*, 2.2.2.

les ont acquises par l'expérience les idées auxquelles ces mots sont associés par l'usage. Non que les mots ou les définitions puissent apprendre ou mettre en l'esprit l'une plutôt que l'autre de ces idées que j'appelle simples : mais par l'accoutumance ils peuvent les évoquer chez ceux qui, les ayant acquises par l'expérience, savent que certains sons leur sont associés comme leurs signes[1].

{24. *Connaissance des autres*}

50 [57]. « La quatrième manière de connaître, nous dit-il, est par conjecture, et c'est seulement ainsi que nous connaissons les âmes des autres hommes et les pures intelligences »[2], autrement dit, nous ne les connaissons pas du tout, mais nous estimons probable que de tels êtres existent réellement *in rerum natura*. Cependant, cela me semble à côté de ce qui est ici l'affaire de notre auteur, et qui est apparemment d'examiner quelles idées nous avons, et comment nous les avons acquises ; si bien que la question ici considérée n'est pas à mon avis celle de savoir s'il existe quelque part des âmes humaines ou de pures intelligences, mais quelles idées nous en avons, et comment nous les avons acquises. Car quand il dit que nous ne connaissons les anges « ni en eux-mêmes ni par leurs idées, ni par conscience »[3], que signifie là le nom

1. *Essai*, 3.2.2-7.
2. Citation composée de deux passages de *Recherche*, III.II.VI, § 1 ; *O.C.*, p. 448 : « La quatrième, de les connaître par conjecture » ; et § 5 ; *O.C.*, p. 454 : « De tous les objets de notre connaissance, il ne nous reste plus que les âmes des autres hommes et que les pures intelligences, et il est manifeste que nous ne les connaissons que par conjecture ».
3. *Ibid.*, § 5 : « Nous ne les [les âmes et les autres intelligences] connaissons présentement ni en elles-mêmes, ni par leurs idées, et comme elles sont différentes de nous, il n'est pas possible que nous les connaissions par

---

d'*ange* ? Quelle *idée* en lui ce nom représente-t-il ? Ou n'est-il signe d'aucune idée : un simple son vide de sens ?

Qui lit attentivement son chapitre 7 verra que nous n'avons d'idées simples que jusqu'où va notre expérience, non au-delà ; et en dehors de cela, nous ne connaissons rien du tout, pas même ce que sont ces idées qui sont en nous, sinon que ce sont dans notre esprit des perceptions ; mais comment elles *se sont formées*, nous ne saurions le *comprendre*.

{B. E*xamen de l'Éclaircissement* X

1. *Identité de l'idée*}

51 [58]. Dans ses *Éclaircissements* sur la nature des idées, p. 535 de l'édition in-4°, il dit qu'il est « certain que les idées des choses sont immuables »[1]. Voilà ce que je ne puis comprendre ; car comment savoir que l'image de ceci lui ressemble si je n'ai jamais vu ceci ? Car si ces mots ne veulent pas dire que les idées sont des représentations vraies et immuables des choses, je ne vois pas à quoi elles servent. Et si tel n'est pas leur sens, alors tout ce qu'ils signifient, c'est que l'idée qu'il m'est arrivé d'avoir, restera immuable aussi longtemps qu'elle reviendra identique dans ma mémoire ; mais que, quand une idée différente me viendra à l'esprit, ce ne sera pas celle-là. Ainsi l'idée d'un cheval ou celle d'un centaure, aussi souvent qu'elles me reviendront à l'esprit, resteront immuablement les mêmes ; ce qui revient simplement à dire que la même *idée* restera toujours la même *idée* ; quant à savoir si l'une ou l'autre est la *représentation vraie* de quelque chose

conscience ». Sur la (mé)connaissance des anges : *cf.* ce que Locke dit de notre idée des Esprits (*Spirits*) : 3.6.11 et 4.3.27.

1. *Recherche*, Éclaircissement X ; *O.C.*, t. III, p. 130.

qui *existe*, c'est ce que, d'après ses principes, ni notre auteur ni personne ne peut savoir.

{ 2. *Raison divine et raison humaine* }

52 [59]. Ce qu'il dit ici de la *raison universelle* qui illumine chacun et à laquelle participent tous les hommes ne désigne rien d'autre à mes yeux que le pouvoir qu'ont les hommes de considérer l'une par rapport à l'autre les idées qu'ils ont, et en les comparant, de découvrir les relations qu'elles ont entre elles ; c'est pourquoi si à un bout du monde un être intelligent, et un autre à l'autre bout du monde, considèrent ensemble *deux fois deux* et *quatre*, ils s'apercevront immanquablement qu'ils sont égaux c'est-à-dire que c'est le même nombre [1]. Ces relations, il est vrai, sont *infinies*, et Dieu, qui connaît toutes choses et leurs relations telles qu'elles sont, les connaît toutes, aussi sa connaissance est-elle infinie. Mais les hommes ne sont capables de découvrir une plus ou moins grande partie de ces relations qu'en appliquant leur esprit à une sorte quelconque d'idées et en trouvant des idées intermédiaires propres à mettre en évidence la relation des idées qu'on ne peut comparer immédiatement par simple juxtaposition [2].

Mais qu'entend-il alors par cette *raison infinie* [3] que les hommes consultent ? C'est ce que je ne saisis pas bien, je l'avoue. Car s'il entend par là qu'ils considèrent une partie de ces relations entre les choses, qui sont une infinité, cela est vrai ; mais alors c'est une manière de parler fort impropre, et je ne puis croire qu'un homme si intelligent s'en soit servi pour ne signifier rien de plus.

1. *Essai*, 4.11.14 et *Recherche*, Éclaircissement X ; *O.C.*, t. III, p. 132.
2. *Essai*, 4.2.2 ; 4.3.4.
3. *Recherche*, Éclaircissement X ; *O.C.* t. III, p. 130.

S'il entend par là, comme il le dit p. 536, que cette raison infinie et universelle à laquelle les hommes participent et qu'ils consultent, est la raison de Dieu lui-même[1], je ne puis nullement y souscrire. 1° Parce que je pense qu'on ne peut absolument pas dire que Dieu raisonne ; il a une vision instantanée de toutes choses ; alors que la raison est bien éloignée d'une telle intuition : elle est une progression laborieuse et graduelle dans la connaissance des choses ; elle compare une idée avec la suivante, celle-ci avec une troisième, celle-ci avec une quatrième, etc. pour trouver enfin la relation entre la première et la dernière de cette suite d'idées : nous sommes donc en quête de telles idées intermédiaires, propres à mettre en évidence la relation que nous désirons connaître et parfois nous la trouvons, parfois non[2]. Cette manière de trouver la vérité, si pénible, si incertaine et si bornée n'appartient donc qu'aux hommes et aux entendements finis, mais elle ne peut aucunement être supposée en Dieu ; en Dieu elle est donc entendement ou connaissance.

[2] Mais quant à dire que nous participons à la connaissance de Dieu, ou que nous consultons son entendement, c'est ce que je ne puis accepter comme vrai : Dieu m'a donné un entendement qui m'est propre ; et j'estimerais présomptueux de ma part d'aller supposer que j'appréhende quoi que ce soit par l'entendement de Dieu, que j'ai vu par ses yeux ou que j'ai eu part à sa connaissance[3]. Je pense qu'il m'est plus

1. *Ibid.* : « Mais s'il est vrai que la Raison à laquelle tous les hommes participent est universelle ; s'il est vrai qu'elle est infinie, s'il est vrai qu'elle est immuable et nécessaire, il est certain qu'elle n'est point différente de celle de Dieu même, car il n'y a que l'être universel et infini qui renferme en soi-même une raison universelle et infinie ».
2. *Essai*, 4.17.2, *sq.*
3. *Essai*, 4.19.5-9.

possible de voir avec les yeux des autres, de comprendre avec l'entendement d'un autre homme qu'avec ceux de Dieu, puisqu'il y a quelque proportion entre mon entendement et celui d'un de mes semblables, mais aucune entre le mien et celui de Dieu.

Mais s'il s'avère que cette *raison infinie* que nous consultons n'est en fin de compte rien d'autre que cette infinité de relations immuables qui sont dans les choses dont nous nous ingénions à découvrir quelques-unes ; voilà certes qui est vrai, mais apparemment cela n'apporte pas grand-chose à la thèse de notre auteur sur la vision en Dieu, et à ceci : «Si nous ne voyions toutes choses par l'union naturelle de notre esprit avec la raison universelle et infinie, nous n'aurions pas la liberté de penser à toutes choses »[1], comme il l'exprime p. 538[2].

{3. *Perfections divines et essences des choses*}

Pour s'expliquer plus au long sur la raison universelle, ou comme il l'appelle ici d'un autre nom : l'*ordre*, p. 539[3], il dit que «Dieu renferme en lui-même d'une manière intelligible les perfections de tous les êtres qu'il a créés ou qu'il peut créer »[4] ; *intelligible* pour lui, soit ; mais pour les hommes, et

---

1. *Recherche*, Éclaircissement X ; *O.C.*, t. III, p. 133 : «Si nous n'avions point en nous-mêmes l'idée de l'infini ; et si nous ne voyions pas toutes choses par l'union naturelle de notre esprit avec la raison universelle et infinie, il me paraît évident que nous n'aurions pas la liberté de penser à toutes choses ».

2. Note de Locke en marge : «Question : Est-ce que j'ai bien compris le sens de l'auteur ici ? » ; la note n'est pas reprise dans l'édition imprimée ; cf. *Remarques*, § 30-31.

3. *Recherche*, Éclaircissement X ; *O.C.*, t. III, p. 133 : «On ne voit que dans la sagesse de Dieu, les vérités éternelles, immuables, nécessaires. On ne peut voir ailleurs que dans cette sagesse, l'ordre que Dieu même est obligé de suivre ».

4. *Recherche*, Éclaircissement X ; *O.C.*, t. III, p. 136.

au moins pour moi, je ne le constate pas, à moins qu'on n'entende par « renfermer en lui-même les perfections de toutes les créatures » qu'il n'y a aucune perfection en aucune créature dont il n'y ait une plus grande en Dieu ; ou encore qu'il y a en Dieu une perfection plus grande que toutes celles des créatures réunies.

Et par conséquent, encore qu'il soit vrai de dire comme dans ce qui suit : « C'est par ses perfections intelligibles qu'il connaît l'essence de toutes choses »[1], il ne s'ensuit pas de là (pas plus que de tout ce qu'il a pu dire d'autre) que ces perfections divines qui contiennent en elles toutes celles des créatures, soient « l'objet immédiat de l'esprit de l'homme », ou qu'elles le soient si bien « l'objet immédiat de l'esprit de l'homme »[2] qu'il puisse voir en elles l'essence des créatures. Car, je le demande, en laquelle des perfections de Dieu un homme voit-il l'essence d'un cheval ou d'un âne, d'un serpent ou d'une colombe, de la ciguë ou du persil ? En ce qui me concerne, je l'avoue, je ne vois l'essence d'aucune de ces choses en aucune des perfections de Dieu dont j'ai quelque notion. Car en vérité, je ne vois l'essence distincte d'aucune de ces choses : je ne sais en quoi elle consiste[3].

Dès lors, je ne puis comprendre la force de l'inférence suivante ainsi exprimée : « Donc les idées intelligibles ou les perfections qui sont en Dieu, lesquelles nous représentent ce qui est en dehors de Dieu, sont absolument nécessaires et immuables »[4]. Que les perfections qui sont en Dieu soient nécessaires et immuables, j'en conviens volontiers ; mais que les *idées* qui sont *intelligibles* à Dieu ou résident en son

---

1. *Recherche*, Éclaircissement X ; *O.C.*, t. III, p. 136.
2. *Ibid.*
3. *Essai*, 3.6.9. ; *Remarques*, § 10-12.
4. *Recherche*, Éclaircissement X ; *O.C.*, t. III, p. 136.

entendement (car c'est ainsi qu'il nous faut parler de Lui tant que nous le concevons à la façon des hommes) nous puissions les voir – ou que les perfections qui sont en Dieu nous représentent l'essence des choses qui sont hors de lui, voilà ce que je ne puis concevoir. L'essence de la matière, pour autant que je puisse en voir, est : étendue, solidité, divisibilité et mobilité[1] ; mais en laquelle des perfections de Dieu vois-je cette essence ? Pour quelqu'un d'autre, comme pour notre auteur peut-être, l'essence des corps est tout autre chose ; et une fois qu'il nous aura dit ce qu'est pour lui l'*essence du corps*, il y aura lieu de demander en laquelle des perfections divines il la voit. Prenons par exemple la pure étendue à elle seule : alors, l'idée que Dieu avait en lui de l'essence des corps avant qu'ils ne fussent créés était donc l'idée de la *pure étendue*. Alors Dieu en créant les corps a créé l'étendue, et alors l'*espace* qui n'existait pas auparavant a commencé à exister. C'est ce que je ne puis concevoir, je l'avoue.

Mais nous voyons dans les perfections divines l'essence *nécessaire* et *immuable* des choses ? Lui voit donc en Dieu une certaine essence des corps et moi une autre ; laquelle est donc cette essence *nécessaire* et *immuable* des corps contenue dans les perfections divines : la sienne ou la mienne[2] ?

{ 4. *Connaissance des choses-mêmes* }

Et au fait, comment savons-nous ou pouvons-nous savoir qu'il existe au monde quelque chose comme des corps ? S'il est vrai que tout ce que nous voyons, ce sont les idées qui sont en Dieu, tandis que les corps eux-mêmes, nous ne les voyons ni ne pouvons absolument les voir, dès lors comment savoir qu'il

---

1. *Essai*, 4.3.6, note 5e édition (dans éd. Vrin, 2006, annexes, p. 665).
2. Cf. *Essai*, 3.3.19 et *Remarques*, § 10-12.

existe des choses comme des corps, si l'on veut que nous ne puissions en aucune façon les voir ou les percevoir avec nos sens, c'est-à-dire de la seule manière dont nous puissions savoir qu'il existe quelque chose de corporel ?

Toutefois, nous dit-on, Dieu nous montre les idées en Lui, *à l'occasion de la présence de ces corps à nos sens.* Affirmation gratuite et pétition de principe : prouvez-moi donc, je vous prie, qu'ils sont *présents.* Je vois le soleil ou un cheval ; impossible nous dit notre auteur : on ne peut les voir parce qu'en leur qualité de corps, ils ne sauraient être unis à mon esprit, lui être présents. Seulement, une fois le soleil levé ou le cheval arrivé à une distance convenable, donc présents à mes yeux, Dieu me montre leurs idées en nous. Disons même qu'Il me les montre quand Il Lui plaît, sans que ces corps soient présents à mes yeux ! Car lorsque je crois voir une étoile à telle distance de moi (en réalité ce n'est pas elle que je vois, mais son idée que Dieu me montre), prouvez-moi donc qu'il existe une telle étoile à un million de millions de miles, quand je crois la voir, plutôt que si je le rêve ? Car tant qu'on ne m'aura pas prouvé qu'il y a dans la chambre une chandelle près de laquelle j'écris ceci, supposer que je vois en Dieu l'idée pyramidale de sa flamme à l'occasion de la présence de cette chandelle, c'est là une pétition de principe. Et pour me prouver que Dieu me manifeste cette idée à l'occasion de la présence de la chandelle, il faudrait d'abord m'avoir prouvé qu'il y a là une chandelle, chose impossible avec de tels principes[1].

---

1. Cf. *Remarques*, § 12-14.

{5. *L'essence des choses*}

[60]. Ensuite nous voyons « l'essence nécessaire et immuable des choses » dans les perfections de Dieu. L'eau, une rose, un lion, ont leurs *essence* distincte l'une de l'autre, et de toutes les autres choses. Que sont, je le demande, ces essences distinctes ? J'avoue ne les voir ni *en* Dieu ni *en dehors* de Lui ; et puis en laquelle des perfections de Dieu voyons-nous chacune d'elles ?

{6. *Les voies de Dieu incompréhensibles*}

[61]. Page 504, je trouve ces mots : « Il est évident que les perfections qui sont en Dieu, lesquelles représentent les êtres créés ou possibles, ne sont pas toutes égales ; que celles par exemple qui représentent les corps ne sont pas si nobles que celles qui représentent les Esprits ; et qu'entre celles-là mêmes qui ne représentent que des corps ou que des Esprits, il y en a de plus parfaites les unes que les autres à l'infini. Cela se conçoit clairement et sans peine, quoiqu'on trouve quelque difficulté à accorder la simplicité de l'être divin avec cette variété d'idées intelligibles qu'il renferme dans sa sagesse » [1].

Cette difficulté est pour moi insurmontable, et j'en conclus qu'elle le sera toujours tant que je n'aurai pas trouvé le moyen d'identifier simplicité et variété. Et cette difficulté sera toujours un obstacle dans une telle doctrine qui suppose que les perfections de Dieu sont pour nous représentatives de tout ce que nous pourrons jamais percevoir des créatures ; car il faudrait alors que ces perfections fussent plusieurs, diverses et distinctes l'une de l'autre, comme le sont ces idées qui

---

1. *Recherche*, Éclaircissement X ; *O.C.*, t. III, p. 137 (texte des troisième et quatrième éditions).

nous représentent ces différentes créatures. Cela aboutit, me semble-t-il, à faire que Dieu contienne formellement en lui toutes les idées distinctes de toutes les créatures, et cela de telle sorte qu'elles puissent être vues l'une après l'autre. Cela me semble, malgré tout ce discours abstrait, se réduire à une conception à peine moins grossière que s'il s'agissait des esquisses de tous les tableaux qu'un peintre aurait faits : il les conserverait dans son cabinet, et on pourrait les voir les unes après les autres quand il lui plairait de nous les montrer. Mais tant que ces réflexions abstraites ne donneront rien de mieux que cela, je préfère me contenter de mon ignorance. Elle revient en gros à penser ceci : Dieu est un être simple, omniscient qui connaît toutes choses possibles, omnipotent qui peut faire ou réaliser toutes choses possibles. Mais comment connaît-il ou fait-il ? Je ne puis le concevoir : les voies de sa connaissance aussi bien que de sa création me sont incompréhensibles ; et d'ailleurs, s'il n'en était pas ainsi, je ne penserais pas qu'il est Dieu et plus parfait que moi par la connaissance. C'est ce vers quoi la pensée de notre auteur semble tendre quelque peu, lorsqu'à la fin de la citation ci-dessus, il parle de « cette variété d'idées intelligibles qu'il renferme dans sa sagesse » : il semble par là situer cette variété d'idées dans l'esprit des pensées ou de Dieu[1] (si l'on peut dire) – du coup, on peine à concevoir comment nous pouvons les voir – et non dans l'être de Dieu où on pourrait les voir en lui comme autant de choses distinctes...

Arrêté ici en 1693.

---

1. *Sic* : on attendrait : « ...dans l'esprit ou les pensées de Dieu ».

REMARQUES SUR CERTAINS DES LIVRES DE M. NORRIS OÙ IL SOUTIENT L'OPINION DU PÈRE MALEBRANCHE QUE *NOUS VOYONS TOUTES CHOSES EN DIEU* [1]

Autres pensées éparses que j'ai rédigées comme elles me sont venues lors d'une lecture rapide de certains écrits de Mr Norris, pour les élaborer un peu plus quand j'aurai le temps d'achever cette lecture critique.

1 [a]. Il y en a qui pensent avoir expliqué la nature des idées quand ils nous ont dit qu'ils les voient en Dieu, comme si nous comprenions mieux ce que sont les idées dans l'entendement de Dieu que quand elles sont dans notre propre entendement ;

a. Note marginale de Locke : « v. Remarks p. 48 » : (Remarks : A brief Consideration of the Remarques made upon the foregoing Reflections by the Gentlemen of the Athenian Society, (adjoint à Christian Blessedness, 2ᵉ éd., London, 1692 – seconde édition : texte non repris dans l'édition de Garland Publishing citée ci-dessous).

1. Manuscrit : MS Locke d. 3, p. 89-109 (immédiatement après « Sur la vision en Dieu de toutes choses ») ; daté par Schuurman de 1693. Publié par Des Maizeaux, *A Collection of Several Pieces of Mr Locke, Never before printed, or not exstant in his Works*, London, 1720, p. 151-176. Édition dans *Digital Locke Project*, reprise dans les *Drafts*, vol. 3. Le titre qui précède est celui de l'édition de Des Maizeaux ; le titre qui suit est celui du manuscrit, de la main d'un secrétaire et corrigé par Locke.

ou comme si leur nature était mieux connue quand on dit que l'*objet immédiat* de notre entendement ce sont les idées divines, l'omniforme *essence de Dieu, représentée ou exhibée de façon partielle*[a]. Grâce à cela, la question est maintenant claire ; il ne peut rester aucune difficulté quand on nous dit que nos idées sont les *idées divines* et les *idées divines l'essence omniforme de Dieu*. Car ce que sont les idées divines, nous le connaissons aussi clairement que nous connaissons ce que sont 1, 2 et 3. Et c'est une explication satisfaisante de ce que sont nos idées de nous dire qu'elles ne sont rien d'autre que les *idées divines ;* et l'*essence divine* est plus familière et plus à portée de notre connaissance que n'importe quel objet éventuel de pensée. En outre, il ne peut y avoir aucune difficulté à comprendre comment les *idées divines* sont l'*essence de Dieu*.

2[b]. On me reproche de ne pas avoir « expliqué ou défini la nature de nos idées ». Par « nature des idées », on ne veut pas dire que je devrais faire connaître aux gens leurs idées ; car je pense que personne ne peut imaginer qu'un son, que moi ou quiconque aurait articulé, puisse faire connaître à un autre ce que sont ses *idées*, c'est-à-dire ses *perceptions*, mieux que ce qu'il sait lui-même ou perçoit qu'elles sont – ce qui suffit en

a. Note marginale de Locke : « v. Reflections 31 ». J. Norris, *Cursory Reflections upon a Book call'd* An Essay concerning Human Understanding, *op. cit.*, adjoint à *Christian Blessedness*, p. 31 : « Y a-t-il autre chose que les idées divines, l'essence omniforme de Dieu, qui *doive* et *puisse* être l'objet immédiat de notre entendement ?... Je peux dire ici ce qu'est une idée : l'essence omniforme de Dieu partiellement représentée et comment elle parvient à être unie à mon esprit... ». Cf. *Examen*, § 25 [29].

b. Note marginale de Locke : « v. *Remarks* p. 48 » (appendice à *Christian Blessedness*, 2e édition – *cf.*note 1*). Cf.* J. Norris, *Cursory Reflections, op. cit.*, p. 3 : « Selon toutes les lois de méthode à travers le monde, il aurait dû *d'abord* définir ce qu'il entendait par idées, et nous faire saisir leur *nature* avant de poursuivre par l'explication de leur genèse ».

matière d'affirmations ou négations à leur sujet. Par la *nature des idées* donc, il faut entendre ici leurs causes et la façon dont elles sont produites dans l'esprit, c'est-à-dire quelle altération de l'esprit constitue cette perception ; et à ceci je réponds qu'aucun homme ne peut le dire. De cela, j'en appelle non seulement à l'expérience, qui devrait suffire, mais j'ajouterai la raison suivante : aucun homme ne peut expliquer une altération en quelque substance simple que ce soit : toute altération que nous pouvons concevoir n'est qu'altération de substances composées et cela seulement par transposition d'éléments.

Nos idées, disent ces gens, sont les idées divines ou l'essence omniforme de Dieu que l'esprit voit parfois et parfois non. Mais je demande à ces gens quelle altération est faite dans l'esprit lors de la vision ? Car là gît la difficulté, qui occasionne la question (car quelle différence un homme découvre-t-il en lui-même quand il voit un souci et quand il ne voit pas un souci : il n'y a pas là difficulté ni besoin d'enquêter) ; il a l'*idée* maintenant, qu'il n'avait pas avant : la difficulté est : quelle *altération* est produite dans l'esprit, quels *changements* en lui, quand il voit ce qu'il ne voyait pas avant, que ce soit l'idée divine dans l'entendement de Dieu, ou comme le pense l'ignorant, le souci dans le jardin. En ce qui nous concerne, l'une et l'autre des suppositions reviennent au même, car les deux choses sont extérieures à l'esprit jusqu'à ce qu'il ait cette perception ; et quand il l'a, je désire qu'ils m'expliquent ce qu'est l'altération dans l'esprit, en dehors de dire, comme le fait le vulgaire[1], «c'est d'avoir la perception

1. «La philosophie populaire, qui enseigne que les objets extérieurs émettent certaines espèces qui leur ressemble...», *Reason and Religion : or the Grounds and Measures of Devotion, consider'd from the Nature of God and the Nature of Man in several Contemplations, with Exercises of Devotion applied to every Contemplation*, part II, contemplation II § VIII. (London, 1ère éd.,

qu'il n'avait pas au moment d'avant » – ce qui est seulement la
différence entre percevoir et ne pas percevoir, une différence factuelle universellement reconnue ; mais en quoi elle
consiste, cela, je dois bien le constater, est inconnu d'un
côté comme de l'autre ; simplement l'un a la sincérité de
reconnaître son ignorance et l'autre prétend connaître [1].

3. Le Père Malebranche dit que Dieu fait toutes choses par
les voies les plus simples et les plus courtes [2] – c'est-à-dire,
selon l'interprétation de *Reason and Religion*, p. 195 [3] : Dieu
ne fait jamais rien en vain. On le leur accordera facilement,
mais comment réconcilieront-ils avec ce principe, sur lequel
tout leur système est construit, la structure étonnante de l'œil et
de l'oreille, sans mentionner les autres parties du corps. Car si
la perception de la couleur et des sons ne dépendait de rien
d'autre que de la présence de l'objet offrant au Dieu tout-
puissant une cause occasionnelle d'exhiber à l'*esprit* les idées
de figures, de couleurs et de sons, toute cette belle structure
étonnante des organes serait totalement en vain. Le soleil le

---

1689 ; cité d'après éd. 1698, reprint N.Y., Garland Publishing Inc., 1978,
p. 111 ; désormais : *R.R.*, suivi de la partie, de la contemplation, du § et de la
page en cette édition).

1. Cf. *Examen*, § 47 [54].

2. Référence à *Recherche*, III.II, § VI (3ᵉ éd.) ; *O.C.*, p. 438 : « Premièrement, c'est qu'encore qu'on ne nie pas absolument que Dieu ne puisse faire
une infinité d'êtres représentatifs des objets avec chaque esprit qu'il crée.
Cependant on ne doit pas croire qu'il fasse ainsi. Car, non seulement il est très
conforme à la raison, mais encore il paraît par l'économie de toute la nature, que
Dieu ne fait jamais par des voies très difficiles ce qui peut se faire par des voies
très simples et très faciles. Dieu ne fait rien inutilement et sans raison ».

3. *R.R.,* II.II § XVII, p. 115-6 : « D'abord à partir de *l'économie générale de
l'Univers*, où il est observable que Dieu ne fait jamais par des voies *difficiles* ce
qui peut être fait par des *voies simples et faciles*. C'est-à-dire, Dieu ne fait
jamais rien *en vain* et sans causes ».

jour, les étoiles la nuit et les objets visibles qui nous entourent, le bruit d'un tambour, la voix des gens et les changements dans l'air que produit le tonnerre sont en effet présents aussi bien à l'aveugle et au sourd qu'à ceux qui ont des yeux et des oreilles en parfait état. Celui qui comprend un tant soit peu l'optique doit nécessairement admirer la constitution merveilleuse de l'œil, non seulement pour la variété et la qualité de ses éléments, mais aussi pour son adaptation à la nature de la réfraction grâce à quoi l'image de l'objet est peinte sur la rétine – et ces gens doivent reconnaître que c'est tout un travail perdu, si cela ne participe aucunement, sous le mode ordinaire des causes et des effets, à la production de l'idée dans l'esprit – mais si la présence seule de l'objet a donné à Dieu l'occasion de montrer à l'esprit cette idée même qui est certainement aussi présente à quelqu'un affecté d'*amaurose*[1] qu'au plus doué d'acuité visuelle.

« Mais nous ne savions pas comment, par une opération naturelle, ceci peut produire une idée dans l'esprit et donc (bonne conclusion) Dieu l'auteur de la Nature ne peut le produire de cette façon ». Comme s'il était impossible au Tout-Puissant de produire quelque chose autrement que par des moyens que nous concevons, et sommes capables de comprendre ; quand celui qui est au plus haut point satisfait de son entendement omniscient et connaît si bien comment Dieu perçoit et comment l'homme pense, ne peut expliquer la cohésion des éléments dans les degrés les plus bas des êtres créés et des corps inorganisés.

---

1. *Gutta serena*, forme de dégénérescence du nerf optique et de perte de vision, mentionée également en *Essai*, 3.4.11.

4 [a]. La *perception des universaux* prouve aussi que tous les êtres sont présents à notre esprit – et ce ne peut être que parce que Dieu est présent. Car toutes les choses créées sont individuelles.

Réponse : toutes les choses qui existent ne sont-elles pas individuelles ? Si oui, ne dites pas « toutes les choses créées », mais « toutes les choses existantes sont individuelles » ; et s'il en est ainsi, avoir une idée générale ne prouve pas que nous ayons tous les objets présents à l'esprit. Mais ceci n'est dit que faute d'avoir considéré en quoi consiste l'universalité : elle n'est que dans la représentation abstrayant des particuliers. Une idée d'un cercle d'un pouce de diamètre représentera tous les cercles d'un pouce de diamètre existant n'importe où et n'importe quand, et ceci par abstraction du lieu et du temps. Et il représentera aussi tous les cercles de quelque taille que ce soit par abstraction aussi de cette taille particulière et par la conservation de la seule relation d'équidistance de la circonférence en toutes ses parties [1].

a. En marge : « Reason and Religion, p. 145 ». *R.R.* II.II, § XIX, p. 116-117 : « Puisque nous désirons voir tous les objets, tantôt celui-ci, tantôt celui-là, il s'en suit nécessairement que tous les êtres sont présents à notre esprit. Mais tous les êtres ne peuvent être présents autrement à l'esprit que parce que Dieu lui est présent, Lui qui dans la simplicité de son être comprend tous les êtres ». Cf. *Ibid.*, § XXX, p. 122 : « [La scolastique soutient que] *la science ne porte par sur les singuliers mais sur les natures universelles et abstraites*. Où sont les natures universelles ? Pas dans ce *monde ectypal :* tout ce qui est ici est *singulier, ceci ou cela*. Ce doit donc être dans le *monde idéal* ou *archétypal* ».

1. Cf. *Essai*, 2.11.9 ; 2.17.20-2 ; *Examen*, § 34 [49].

5[a]. Nous avons une *idée distincte* de Dieu par laquelle nous le distinguons assez clairement des créatures. Mais je crains qu'il y ait en nous de la présomption si nous disons que nous avons une *idée claire* de Lui tel qu'Il est en Lui-même.

6. L'argument selon lequel nous avons une idée de l'infini avant l'idée de fini, parce qu'on conçoit l'être infini en concevant simplement l'être, sans considérer s'il est *fini* ou *infini*[1], je vous laisserai le soin de considérer si ce n'est pas une confusion entre la priorité de nature et la priorité de conception.

7[b]. « Aquila, traducteur tatillon, qui cherche à traduire non seulement les mots mais aussi les étymologies des mots » (Jérôme, selon Le Clerc dans *Genèse* III.[2]). « Dieu a fait toutes

---

a. En marge : « p. 198 ». *R.R.*, II.II, § XX, p. 117 : « Il est clair que nous *percevons* l'Infini, bien que nous ne le *comprenions* pas et que notre esprit a une idée de Dieu ». Sur la différence entre idée claire et idée distincte, voir *Essai*. 2.29.4 ; sur la composition et l'incomplétude de l'idée de Dieu : cf. *Essai*, 2.23.33-35.

b. Note en marge : « p. 200 ».

1. *R.R.*, II.II, § XXI, p. 117 : « [Malebranche] considère que l'esprit n'a pas seulement une *idée d'infini*, mais il l'a aussi *avant* d'avoir aucune idée de *fini*. Car nous concevons l'être *infini* en concevant simplement l'*être* sans considérer s'il est *fini* ou *infini* ». Cf. *Recherche*, III.II.VI ; *O.C.*, p. 441 : « Mais non seulement l'esprit l'idée de l'infini, il l'a même avant celle du fini. Car nous concevons l'être infini de cela seul que nous concevons l'être, sans penser s'il est fini ou infini ».

2. Aquila de Sinope : traducteur de la Bible au IIe siècle, critiqué pour son littéralisme, dans cette phrase de saint Jérôme (*épître à Pammachius*), phrase citée dans *Genesis sive Mosis prophetae liber primus*, traduction, paraphrase et commentaires par Jean Le Clerc, Amsterdam, 1693. La citation et sa référence ne sont pas repris dans l'édition posthume de Des Maizeaux qui n'en voyait pas la pertinence.

choses pour lui-même »[1] ; donc nous voyons toutes choses en
Lui. Ceci est appelé une démonstration ? Comme si toutes les
choses n'étaient pas également faites pour Dieu ; et comme si
l'humanité n'avait pas autant de raison de Le magnifier au cas
où sa perception des choses se déroulait d'une autre manière
que par la vision de ces choses en Lui : elle ne montre pas plus
Dieu que l'autre et, avec elle, un homme [seulement] sur un
million prête plus attention à Lui que ceux qui pensent qu'ils
perçoivent les choses par les sens là où elles sont.

8.[2] « Si Dieu créait un esprit, etc. ». Ceci suppose que ceux
qui voient les choses en Dieu voient aussi Dieu en même temps
et par là ils montrent que leur esprit est fait pour Dieu, qui serait
« l'objet immédiat de leur connaissance ». Mais, sur ce point, je
dois en appeler à l'expérience commune : est-ce que chacun,
chaque fois qu'il voit quelque chose d'autre, voit et perçoit
alors Dieu ? Ou n'est-il pas vrai que pour des gens qui voient
d'autres choses à tout instant, Dieu n'est pas du tout dans leurs
pensées ? Pourtant, dit-il, « quand l'esprit voit son œuvre, il Le
voit d'une certaine manière »[3]. Ce « d'une certaine manière »
n'est en aucune manière à propos pour [montrer que cette
œuvre est] faite uniquement pour [avoir] Dieu comme son idée
ou son objet immédiat de connaissance. Un homme est élevé
dans l'obscurité d'un donjon, où il perçoit les objets à l'entour
grâce à une très faible lumière, presque nulle ; il doit, c'est vrai,

1. *R.R.*, II.II, § XXII, p. 118 : « L'Écriture ne permet pas que l'on doute que
Dieu a fait toutes choses pour Lui » ; cf. *Examen*, § 35 [40].
2. *R.R.*, II.II, § XXII, p. 118 : « Si Dieu créait un esprit et lui donnait le soleil
(supposons) comme son idée, ou objet immédiat de connaissance, Dieu ferait
l'esprit pour le soleil et non pour lui-même » ; cf. *Examen*, 35-36 [40-41].
3. *R.R.,* II.II, § XXIII, p. 118 : « Dieu ne peut donc faire qu'un esprit
connaisse ses œuvres, sans que cet esprit ne voie Dieu d'une certaine manière
quand il voit ses œuvres ».

cette idée à la lumière du soleil, mais comme il n'a jamais entendu parler du soleil ou pensé à lui, peut-on dire que l'*idée du* soleil est son objet immédiat de *connaissance* ou que, pour cette raison, son esprit était fait pour le soleil ? C'est le cas d'une grande partie de l'humanité. Et, parmi ceux qui ont reçu une notion d'un Dieu par la tradition ou la raison, combien peut-on en imaginer qui ont une idée de Lui présente dans leur esprit chaque fois qu'ils pensent à quelque chose d'autre ?

9. Mais si le fait d'être créé pour Dieu démontre nécessairement que nous voyions toutes choses en Lui, cela prouverait à la fin que nous ne sommes pas faits à moitié pour Lui (notre auteur en effet avoue qu'il ne voit aucune autre idée en Dieu que celles de *nombres, étendue* et *essence*, qui ne font pas la moitié des idées qui occupent l'esprit des hommes).

10[a]. « L'essence des choses n'est rien d'autre que l'essence divine elle-même considérée avec cette connotation d'être diversement représentative ou exhibitive des choses et diversement imitable ou participable par elles » et ceci, nous dit-il ce sont des *idées*. Le sens de tout ceci (je crois) mis en mots simples et intelligibles est le suivant : Dieu a toujours le pouvoir de produire quoi que ce soit qui n'implique pas contradiction ; Il connaît aussi toujours ce qu'il peut faire. Mais qu'est-ce que tout cela par rapport à des idées en Lui, comme des êtres réels visibles par nous ? Dieu savait de toute éternité qu'Il pouvait produire un caillou, un champignon et un homme : est-ce que ces idées distinctes sont une part de Son essence simple ? Il me semble alors que nous connaissons très bien l'essence de Dieu et que nous utilisons le mot *simple* qui

---

a. Note marginale : « p. 82 ». *R.R.*, I.V, § XIX, p. 48, complété par la référence à l'idée : § XX, p. 49.

inclut toutes sortes de variété d'une manière très appropriée !
Mais Dieu savait qu'Il pouvait produire de telles créatures ;
donc, où placerons-nous les idées qu'Il en voyait si ce n'est
dans Son essence ? En ce lieu, ces idées existaient *éminemment*
et donc elles sont l'essence de Dieu. En ce lieu, les choses
mêmes existaient aussi éminemment et donc toutes les
créatures en tant qu'elles existent réellement sont l'essence
de Dieu. Car si les êtres réels finis d'une espèce (comme les
idées, que l'on dit telles) sont l'essence du Dieu infini, les
autres êtres finis (comme les créatures) peuvent aussi être
l'essence de Dieu ? Mais nous ne devons parler de cette
manière qu'après nous être accordé le pouvoir de ne rien
ignorer et de connaître même la connaissance de Dieu et sa
façon de comprendre[1].

11[a]. « L'essence des choses ou idées existant en Dieu ». Il y
en a beaucoup qui existent en Dieu. Ainsi l'essence simple de
Dieu a, existant effectivement en elle, une grande diversité
d'idées aussi grande que la diversité des créatures, chacune des
créatures étant un être réel distinct de l'autre. Si l'on disait :
cela signifie que « Dieu peut, et sait qu'Il peut, les produire »,
que dit-on de plus que ce que tout le monde dit ? Si cela dit plus
et nous montre ce nombre infini d'êtres réels distincts en Dieu
comme sa véritable essence, est-ce que c'est mieux que ce
que disent ceux qui font de Dieu rien d'autre que l'univers –
bien que ce soit masqué sous les expressions inintelligibles
de simplicité et de variété [présentes] en même temps dans
l'essence de Dieu[2] ? « Et cette théorie sans aucun doute nous

a. Note marginale : « p. 53 », *R.R.*, I.V § XXI, p. 49.

1. Cf. *Examen*, § 52-53 [59-60].
2. Cf. *Examen*, § 23 [27] et les allusions à Spinoza.

conduit là : Jupiter est tout ce que tu vois, tout ce que tu bouges »[1]. Mais ceux qui ne voudraient pas être considérés comme ignorants de tout, pour y arriver rendent Dieu identique à ce qu'ils sont ; ou autrement ils ne pourraient parler comme ils le font p. 93 de « l'esprit de Dieu » et « des idées dans l'esprit de Dieu, exhibitif de toute la possibilité d'être »[2].

12[a]. « C'est dans la nature divine [que] ces natures universelles, qui sont l'objet propre de la science, peuvent être découvertes et par conséquent c'est en Dieu que nous connaissons toutes les vérités que nous connaissons ». Est-ce donc qu'une nature universelle existe ? Ou est-ce que quelque chose qui existe où que ce soit, de quelque façon que ce soit, peut être autre que singulier ? Je pense qu'on ne peut nier que Dieu, qui a le pouvoir de produire des idées en nous, peut donner ce pouvoir à un autre ; ou pour le dire autrement, de faire qu'une idée soit l'effet d'une opération sur notre corps. Cela ne contient pas de contradiction et donc c'est possible. Mais vous direz que vous ne concevez pas la façon dont cela se fait. Si vous vous tenez à cette règle : « cela ne peut se faire parce que vous ne pouvez concevoir comment cela se produit », vous devez dénier que Dieu fasse ceci parce que vous ne pouvez concevoir la façon dont Il produit en nous quelque idée que ce soit. Si les objets visibles ne sont vus que parce que Dieu exhibe leurs idées à notre esprit à l'occasion de la présence de ces objets, qu'est-ce qui empêche le Tout-

---

a. Note marginale : « p. 206 » : *R.R.*, II.II § XXX, p. 122.

1. Lucain, *Bellum Civile*, IX, 578.
2. *R.R.*, I.V § XXX, p. 55 ; *cf.* § XXIX, p. 55 : « (la vérité comme conformité à l'entendement divin) doit être comprise de l'esprit de Dieu comme *exhibitif…* ; l'intellect de Dieu comme *exhibitif* est la *cause* et la *mesure* de toute vérité ».

puissant d'exhiber leurs idées à un aveugle ? Si on met ces objets devant sa figure, aussi près de ses yeux et sous une lumière aussi forte que pour quelqu'un de voyant, selon cette hypothèse les objets sont aussi bien les causes occasionnelles pour l'un que pour l'autre ? Et pourtant, malgré cette égalité des causes occasionnelles, l'un a l'idée et pas l'autre, et ceci de façon constante. Ce qui donne motif de supposer qu'il y a dans l'objet quelque chose de plus qu'une cause en forme de *présence occasionnelle*[1].

13. En outre, si la lumière qui frappe l'œil n'est que la cause occasionnelle de la vision, en faisant un œil selon une structure si étonnante Dieu n'agit pas selon les voies les plus simples ; Dieu aurait en effet pu produire des idées visibles à l'occasion du choc de la lumière sur les paupières ou sur le front.

14. Les objets extérieurs, quand ils sont présents, ne sont pas toujours des causes occasionnelles. Celui qui est resté longtemps dans une pièce parfumée de l'odeur agréable de fleurs, cesse de les sentir bien que la pièce soit toujours remplie de ces odeurs ; et pourtant, quand il revient après une courte absence, il les sent à nouveau. Quelqu'un passant du soleil brillant à une pièce aux rideaux fermés ne voit d'abord rien dans la pièce, alors que ceux qui y sont depuis un moment le voient, lui et les autres choses. Il est difficile d'expliquer ces phénomènes par Dieu qui produirait ces idées en fonction des causes occasionnelles ; par contre, la production des idées dans l'esprit par l'opération de l'objet sur les organes des sens explique facilement cette différence.

1. Cf. *Examen*, § 52 [59] *in fine*.

15. Que les idées de lumière et de couleurs pénètrent par nos yeux ou non, tout est comme si elles pénétraient ainsi pour ceux qui n'ont pas d'*yeux* et donc ne les *reçoivent* jamais. Et que Dieu ait ou non ordonné qu'un mouvement modifié des fibres ou des esprits dans le nerf optique les excite, les produise, ou les cause (dites le comme vous voulez) en nous, c'est tout comme s'Il l'avait fait, puisque là où il n'y a pas ce type de mouvement il n'y a pas ce type de perception ou d'idée. Car j'espère qu'ils ne vont pas dénier à Dieu le privilège de donner un tel pouvoir au mouvement si cela Lui plaît. Oui, disent-ils, les mouvements sont les causes occasionnelles, mais pas les causes efficientes, car elles n'ont pas la possibilité de l'être. Ceci revient à dire que Dieu a donné à ce mouvement dans le nerf optique le pouvoir d'agir « sur Lui-même », mais qu'Il ne peut pas lui donner le pouvoir « d'agir sur l'esprit de l'homme » : cela peut, par cet ordonnancement, agir sur Lui-même, Lui l'Esprit impassible et infini, et quand il le faut Lui faire penser à agir sur l'esprit de l'homme pour lui exhiber l'idée d'une couleur qui est en Lui-même. Le Dieu infini et éternel est certainement la cause de toutes choses, la fontaine de tout être et de tout pouvoir. Mais, sous prétexte que tout être vient de Lui, ne peut-il n'y avoir que Dieu lui-même ? Ou, sous prétexte que tout pouvoir est originellement en lui, ne peut-Il rien en communiquer à ses créatures ? C'est donner des limites bien étroites aux pouvoirs du Tout Puissant ; et sous prétexte de les accroître, les supprimer. Car, (je vous en prie et dans la mesure où nous pouvons comprendre) quel est le pouvoir parfait de faire une machine (une montre par exemple) : celui qui, une fois que l'horloger s'est retiré, fait marcher ses aiguilles et fait sonner grâce à la bonne conception de ses pièces ; ou celui qui exige que celui-ci frappe lui-même les douze coups chaque fois que l'aiguille indique l'heure et

avertit ainsi l'horloger. Aucune machine faite par Dieu ne
marche d'elle-même ; pourquoi ? Parce que les créatures n'ont
aucun pouvoir, ne peuvent non plus se mouvoir, ni rien
d'autre ? Comment arrive alors tout ce que nous voyons ? Est-
ce que les créatures ne font rien ? Oui, elles sont les causes
occasionnelles qui font que Dieu produise certaines pensées et
mouvements en elles. Les créatures ne peuvent produire
aucune idée, aucune pensée en l'homme ; comment arrive-t-il
alors à percevoir ou penser ? Dieu à l'occasion d'un mouvement dans le nerf optique exhibe à son esprit la couleur
d'un souci ou d'une rose ; Comment ce mouvement est-il
arrivé dans son nerf optique ? A l'occasion du mouvement de
certaines particules de lumière frappant sa rétine, Dieu l'a
produit, et ainsi de suite. Et ainsi quelle que soit la pensée d'un
homme, Dieu la produit ; que ce soit l'infidélité, la contestation
ou le blasphème, l'homme ne fait rien ; son esprit n'est que le
miroir qui reçoit les idées que Dieu lui exhibe, et du fait que
Dieu les lui exhibe, l'homme est entièrement passif dans toute
cette tâche de la pensée.

16. Un homme ne peut bouger le bras ou la langue, il n'en a
pas le pouvoir ; ce n'est qu'à l'occasion de sa volonté de le
bouger, que Dieu le fait. Quand l'homme *veut*, il fait quelque
chose, ou alors Dieu à l'occasion de quelque chose qu'il a lui-
même fait avant, a produit en lui *cette volonté* et *cette action*[1].
Voilà l'hypothèse qui supprime les doutes et nous ramène
finalement à la religion de Hobbes et de Spinoza en réduisant
tout, même les pensées et la volonté des hommes, à la nécessité

1. *Cf.* entre autres *R.R.,* Part II, Contemplation II § XVII (éd. 1698-1978,
p. 116) : « Quand donc Dieu par lui-même peut nous ouvrir et exhiber toutes
choses, simplement en voulant que nous voyions ces idées qui sont en Lui, il
produit en nous une infinie multitude d'idées… ».

irrésistible d'un destin. Car, que son origine soit dans le mouvement continué de la matière éternelle cause de tout, ou dans un être immatériel omnipotent qui a initié la matière et le mouvement et les maintient par la direction des occasions qu'il a lui-même également faites, il en est exactement de même pour la religion et la morale. Mais nous devons connaître comment toute chose arrive et ainsi on résout la question sans laisser aucune difficulté troublante. Mais peut-être nous serait-il plus convenable de reconnaître notre ignorance que de dire présomptueusement de telles choses à propos du Saint d'Israël, et de condamner les autres parce qu'ils n'osent pas être aussi mal élevés[1] que nous.

17. Les idées peuvent être des êtres réels, mais non des substances, comme le mouvement est réel bien que ce ne soit pas une substance ; et il semble probable que les idées en nous dépendent du mouvement dont elles sont un effet. Car elles sont si labiles : il est en effet difficile, je l'ai noté ailleurs[2], et presque impossible de garder longtemps à l'esprit la même idée unie sans changement, sauf si l'objet qui la produit est présent aux sens et le même mouvement qui l'a initialement produit, dure et l'idée elle-même peut durer.

18[3]. Excuser donc l'ignorance que j'ai avouée sur ce que sont nos idées, outre des perceptions que nous expérimentons en nous-mêmes, et excuser la voie non-philosophique rébarbative que j'ai suivie (examiner leur production seulement

---

1. « impies » selon l'édition Des Maizeaux.

2. *Essai*, 2.14.13. Cf. *Recherche*, sub p. 193.

3. Peut être, réaction au § XXVII : « Notre perception intellectuelle est par idées, c'est-à-dire non par la présence immédiate des choses-mêmes, mais par quelque chose qui les représente intimement et immédiatement à notre esprit… ».

jusqu'où l'expérience et l'observation me mènent, là où ma faible vue ne dépassait pas la sensation et la réflexion).

19[a]. La *vérité* réside seulement dans les *propositions*. Le *fondement* de cette vérité est la relation qui existe entre nos idées. La connaissance de la vérité est la perception que la relation entre nos idées est telle qu'elle est exprimée[1].

20[2]. L'immutabilité des essences réside dans les mêmes *sons* supposés tenir lieu des mêmes *idées*. La considération de ces points aurait épargné ce savant discours.

21[b]. Tout ce qui existe, que ce soit en Dieu ou hors de Lui, est singulier.

22[c]. Si aucune proposition ne pouvait être construite, il n'y aurait pas de vérité ni de fausseté, bien que les mêmes relations demeurent entre les mêmes idées, ce qui est un fondement de l'immutabilité[3] de la vérité dans les propositions identiques, quel que soit le moment de leur construction.

a. Note marginale : « p. 204 § 29 » : *R.R.*, II.II § XXIX, p. 121.

b. Note marginale : « p. 206 § 30 » : *R.R.*, II.II § XXIX, p. 122.

c. Note marginale : « p. 207 § 30 » : *R.R.*, II.II § XXIX, p. 122 : « C'est en Dieu que nous connaissons toute vérité » et § XXXII : « Si la vérité ne venait pas de Dieu, j'aimerais savoir d'où vient son *unité*, son *identité*, sa *stabilité* et son *immutabilité*, son *éternité* et sa *perpétuité* ; d'où vient qu'elle est discernée par *différents esprits* et par le *même* esprit à *différents moments* ? ».

1. Cf. *Essai*, 4.5.2.

2. *R.R.*, II.II § XXIX, p. 121 : « L'essence des choses, quant à leur subsistance *naturelle* peut *cesser* d'être, mais la relation que je perçois est *immuable* et *immortelle* ».

3. Plutôt que *muteability* présent dans le manuscrit, et corrigé par Des Maizeaux (édition citée)

23 ᵃ. Pourquoi s'étonner que la même idée soit toujours la même idée ? En effet si le mot *triangle* est supposé avoir la même signification, c'est à ccla que tout se réduit.

24 ᵇ. J'aimerais savoir quelles sont les choses que Dieu a préparées pour ceux qui L'aiment – celles dont j'aurais donc quelque connaissance bien que « l'œil ne l'aie pas vu, que l'oreille ne l'aie pas entendue, et que ce ne soit pas entré dans le cœur de l'homme »¹.

25. Si toutes choses sont effectivement présentes à mon esprit, pourquoi est-ce que je ne connais pas toutes choses distinctement ?

26ᶜ. Celui qui considère la force de ces façons de parler : donnez-la moi s'il vous plaît, je la désire. Elle a eu peur du serpent et s'est enfuie en tremblant : elle concevra comment le sens des mots *désir* et *peur* et aussi [de] tous ceux qui tiennent lieu de notions intellectuelles peut être enseignés par des mots qui ont une signification sensible.

a. Note marginale : « p. 209 § 33 » : *R.R.,* II.II § XXXIII, p. 123 : « je trouve dans mon esprit des idées de nature fixe et inaltérable,… par exemple l'idée d'un *triangle…* ».

b. Note marginale : « p. 210 § 34 » : *R.R.,* II.II § XXXIV, p. 124 : « Il faut donc supposer que j'ai déjà quelque *connaissance* de tout ce que je désire connaître ».

c. Note marginale : « p. 212 § 35 » ; *R.R.,* II.II § XXXV, p. 125 : outre mes mots d'origine sensible, « il y en a d'autres dont les choses correspondantes sont *purement intellectuelles* ».

1. *1 Cor.*, 2.9 ; cf. *Essai*, 2.21.41 ; 4.18.3 ; *Examen*, § 33 fin.

27. Cela devrait être ainsi selon cette hypothèse, bien qu'il en soit autrement dans l'expérience[a]. Par exemple : l'uniformité des idées qu'ont les différents hommes quand ils utilisent des mots tels que *gloire*, *culte*, *religion* est une preuve manifeste que Dieu a montré à leur esprit cette partie du monde idéal qui est signifiée par ces signes.

28[b]. Étrange, que la vérité étant [présente] en toute question sauf une, « plus nous en découvrons, plus nos jugements à son sujet devraient être uniformes ».

29. Ceci suppose que le fondement de la vérité est dans les relations toujours immuables entre les mêmes idées. Plusieurs idées qui nous ont été familières, nous pouvons les réactualiser et elles nous sont ainsi présentes quand nous le voulons. Mais la connaissance de leurs relations, qui nous permettrait de savoir ce que nous pouvons *affirmer* ou *nier à leur propos*, ne nous est pas toujours présente à l'esprit ; au contraire nous ne trouvons pas la vérité, même après étude[c]. Mais en de nombreuses occasions, et sans doute pas rarement, nous n'avons ni les idées ni la vérité constamment présentes à

a. Note marginale : « p. 213 » ; *R.R.,* II.II § XXXV, p. 126, où Norris soutient que les termes moraux (non sensibles et purement intellectuels) sont dotés de signification dans l'esprit de l'enfant par l'intervention de Dieu qui lui montre la part correspondante du monde intellectuel. L'uniformité est prétendue : cf. la thèse inverse de Locke sur la versatilité des noms de modes mixtes moraux notamment : 3.9.9-10 ; 3.11.15-18.

b. Note marginale : « p. 214 § 36 » : *R.R.,* II.II § XXXVI, p. 126-127 : « Plus nous sommes tendus vers la vision de la vérité, plus nous en découvrons. Et non seulement cela, mais plus nous la méditons intensément, plus nous sommes uniformes dans nos jugements à son propos ».

c. Note marginale : « p. 215 § 36 » : *R.R.,* II.II § XXXVI, p. 126-127 : « …cette connaissance, nous l'acquérons par l'étude. L'étude n'est autre que l'application stricte de l'esprit à la spéculation de la vérité ».

l'esprit ; voire, elles ne sont pas le moins du monde présentes. Et je pense que je peux, sans mépriser l'auteur, mettre en doute qu'il ait jamais eu, ou que tout son effort n'aurait jamais obtenu, présentes à son esprit, les idées de vérités que Mr Newton avait en écrivant son livre[1].

30[a]. Ce paragraphe suppose que nous soyons plus familiers avec l'entendement de Dieu et sa façon de connaître qu'avec le nôtre. Mais ce beau raisonnement fait peut-être penser (avec humour) à ceci : nous sommes comme Dieu par l'entendement ; il voit ce qu'il voit par les idées dans Son esprit ; donc nous voyons ce que nous voyons par les idées qui sont dans notre esprit[2].

31[b]. Ces textes ne prouvent pas que nous verrons toutes choses en Dieu dans l'au-delà, pas plus qu'ils ne disent que nous voyons toutes choses en Dieu ici. Il y aura des objets dans l'état futur, et nous aurons des sens ?[c] Est-Il, tandis que nous voyons à travers le voile de notre chair mortelle, présent à notre esprit ?

a. Note marginale : « p. 215 §37 » : *R.R.,* II.II § XXXVII, p. 127 . « ...Il convient donc de supposer que, de même que Dieu connaît et perçoit toutes choses en Lui, de même l'homme qui est selon l'image divine connaît et perçoit toutes choses en Dieu ».

b. Note marginale · « p. 216 § 38 » : *R.R.,* II.II § XXXVIII, p. 127-128 qui cite *Psaume 36 :* « En toi est la source de vie, par ta lumière nous voyons la lumière » ; *I Cor 13,12 :* « Aujourd'hui, certes nous voyons dans un miroir, d'une manière confuse, mais alors ce sera face à face ».

c. Note marginale : « p. 217 § 38 ».

1. Cf. *Essai*, 4.7.11 ; *Examen*, § 52 [59].
2. Cf. *Examen*, § 52 [59].

32[1]. Penser à quelque chose, c'est contempler cette idée-même. L'idée d'être en général est l'idée de l'être, abstraction faite de tout ce qui peut la limiter ou la déterminer vers une espèce inférieure. Ainsi, celui qui pense toujours à l'être en général ne pense jamais à une espèce particulière d'être, à moins qu'il puisse y penser avec et sans précision en même temps. Mais s'il veut dire qu'il pense à l'être en général chaque fois qu'il pense à tel ou tel être particulier, à telle ou telle sorte d'être, alors il est certain qu'il peut toujours penser à l'être en général tant qu'il trouve un moyen de ne penser à rien.

33[a]. L'être en général, c'est l'être abstraction faite de la sagesse, de la bonté, du pouvoir et de toute sorte particulière de durée ; et j'ai une idée aussi vraie de l'être quand on en exclut cela que quand on exclut l'étendue, le lieu, la solidité et la mobilité de mon idée. Donc si l'être en général et Dieu sont identiques, j'ai une idée vraie de Dieu quand j'en exclus la sagesse, le pouvoir et l'éternité.

34[b]. Comme s'il n'y avait aucune différence entre « l'homme est sa propre lumière » et « l'homme ne voit pas les choses en Dieu ». L'homme peut être illuminé par Dieu, même s'il ne voit pas toutes choses en Dieu.

Il faut remettre à un plus tard l'achèvement de ces pensées impromptues.

---

a. Note marginale : « p. 219 § 40 » : *R.R.*, II.II § XL, p. 129).
b. Note marginale : « p. 223 § 43 » : *R.R.*, II.II § XLII, p. 131-132 : « …l'homme n'est pas sa propre lumière, ou une lumière pour lui-même… mais il voit et connaît toutes choses dans le logos divin, ou monde idéal, qui est la vraie lumière à l'intérieur de lui, dont parlent tant les enthousiastes ».

1. Critique du § 39 ; cf. *Essai*, 2.2.9 ; *Examen*, § 28 [32].

RÉPONSE AUX *RÉFLEXIONS* DE M. NORRIS [1]

JL, Réponse aux Réflexions de M. Norris, 92.

1. Sa première objection porte sur ces mots, p. 1 : « Comme l'œil, l'entendement nous fait voir et percevoir toutes les autres choses, mais lui-même il ne s'aperçoit pas » [2]. Mais si ce n'était le privilège d'un critique [3] rapide de remarquer ou de sauter ce qui lui plaît, les mots qui suivent immédiatement lui auraient dit ce que « cherchait l'auteur » [4] et je suppose que les lecteurs [a] habitués aux débats policés, et qui [b] pensent qu'il n'est pas préjudiciable à la vérité, au monde ni à leur propre sincérité, de chercher à comprendre ce que vise l'auteur, le fera aisément en lisant [c] les mots de la même phrase (« aussi faut-il faire preuve

a. Mot rayé : « gens ».
b. Texte rayé ; « ont un esprit pour comprendre ce qu'ils lisent ».
c. Texte rayé : « la phrase jusqu'à la fin ».

1. *MS Locke* c. 28, fols 107r-112v ; publié par Richard Acworth, « Locke's first reply to John Norris », *Locke Newsletter*, 2, 1971, p. 8-11. Édition dans *Digital Locke Project*, reprise dans les *Drafts*, vol. 3. Le titre qui suit et la date sont de Locke.
2. Citation de *Essai*, 1.1.1. Texte rayé ensuite : « Il y trouve le défaut que soit ce n'est pas une grande découverte soit c'est une contradiction ».
3. En anglais *reflector* ; qui reprend le titre de Norris : *Cursory Reflexions*.
4. J. Norris, *Cursory Reflections, op. cit.*, p. 2 : « Ce que cherche cet auteur intelligent dans cette phrase, je ne le comprends pas ».

d'art et d'application pour le mettre à distance et en faire son propre objet. Mais quelles que soient les difficultés… etc. »[1]) pour découvrir, grâce à un minimum de bienveillance, que je voyais cela comme une demande d'excuses pour moi et pour les défauts de mon approche d'un sujet qui comportait comme je le redoutais, quelques difficultés particulières et qui n'avait à ma connaissance été que peu étudié. Et j'aimerais que le critique, pour son profit comme pour le mien, fasse un peu plus de crédit à l'avenir aux pauvres auteurs (si lui et moi méritons ce titre), car si l'esprit critique devient si violent qu'il soumet à l'examen radical tout ce que l'on peut trouver dans les livres, et qu'il souligne ce qui est défectueux dans l'expression, l'argumentation, la présentation, la dédicace, etc., ceux qui prennent la plume vivront une époque difficile, spécialement s'ils ont une préférence particulière pour leurs propres idées et pensent que le monde est injuste de ne pas les publier de suite[2].

J'ai toujours pensé pour ma part que, si un auteur n'était pas coupable de mauvaise foi ou d'erreurs importantes qui risquent de blesser la vérité et les bonnes mœurs, on devrait pardonner les autres traces en lui de fragilité humaine ; et pour moi l'obligation que j'ai à son égard pour ce qu'il m'a appris ou qu'il semble avoir sincèrement l'intention de m'apprendre, compense les erreurs que j'ai éventuellement trouvées dans son texte. Je pense qu'au moins l'on doit à chacun de comprendre ses termes dans le sens le plus favorable et le plus cohérent qui puisse leur être accordés.

Si le critique avait eu ici la même attitude que moi, pas mal d'encre et de papier précieux auraient pu être épargnés ; et il aurait ainsi laissé du temps aux gens qui auraient pu l'employer

1. *Essai*, 1.1.1.
2. Allusion à Norris, que l'on retrouve dans *Examen*, § [1].

plus intelligemment à la lecture de son autre livre. Car à quoi
sert d'importuner le monde, s'il *ne peut donner aucun sens
cohérent* à une de mes phrases, qui, vraie ou fausse, sensée ou
non, ne sert en rien au dessein principal de mon ouvrage ; ou en
quoi le lecteur est-il édifié par une page entière consacrée à
qualifier ma méthode de fautive parce qu'elle ne commence
pas par la définition du mot *idée* dont le sens, je crois, ne peut[a]
échapper à presque aucun lecteur de mon livre. Ou alors, il
pourrait trouver une réponse avant la fin de ce premier
chapitre, où je lui dis que c'est un terme qui à mon avis est le
plus à même «pour tenir lieu de tout ce qui est l'objet de
l'entendement quand un homme pense», ou « sur quoi peut
être employé l'esprit en pensant » p. 4, § 8[1]. Et donc je suppose
que le critique aurait pu éviter de me blâmer de ne pas avoir
établi le sens du mot *idée* avant de poursuivre sur l'origine des
idées. Il le découvrira donc à la relecture que je l'ai fait.

2. De fait, à la même page 3, il m'accuse de ne pas « lui
avoir donné une explication sur la nature des idées »[2]. Si un
critique rapide n'était pas dispensé de se souvenir de tout ce
qu'il a lu, il aurait pu éviter cette objection en prêtant intérêt à
ce que je dis au chapitre 1 § 2 : « Je ne me mêlerai pas ici d'une
étude de l'esprit du point de vue physique ; je ne me donnerai
pas la peine d'examiner ce que peut être son essence, ni par

---

a. Le sens exigerait « ne peut pas ». Un élément de phrase rayé ici : « ou au
moins regarde dans le lexique du critique, car là, il dit qu'il l'a... ».

1. *Essai*, 1.1.8. Deuxième citation ajoutée en marge. Cf. *Examen*, § 25 [29].
2. J. Norris, *Cursory Reflections, op. cit.,* p. 3: « Assurément, selon toutes
les lois universelles de la méthode, il aurait dû d'abord définir ce qu'il entendait
pas idées et nous faire connaître leur nature, avant de poursuivre en expliquant
leur origine ». Phrase rayée ici (modifiée plus bas): « Pas facile, cet homme de
Réflexions qui ne supporte pas qu'un pauvre voisin soit ignorant de quoi que ce
soit ».

quels mouvements des esprits-animaux, par quelles altérations de notre corps, il se fait que nous ayons des sensations par les organes ou des *idées* dans l'entendement; ou encore si la formation de tout ou partie de ces *idées* dépend effectivement de la matière. Ce sont des spéculations, singulières sans doute et intéressantes, mais que j'écarterai, cependant, car elles sont hors du propos que je poursuis ».

Ce n'est pas facile, cet homme de *Réflexions* qui ne supporte pas un pauvre voisin qui sait ce qu'il vise en rédigeant et qui poursuit son dessein à sa façon et avec ses capacités.

Peut-être étais-je paresseux et estimais-je que la méthode historique et simple que je m'étais donnée me suffisait. Peut-être avais-je d'autres soucis et ne pouvais-je consacrer plus de temps à ces spéculations. Peut-être même estimais-je cette découverte hors de portée et, n'étant pas de ceux qui prétendent connaître toutes choses, n'étais-je pas honteux de confesser mon ignorance à ce sujet et sur beaucoup d'autres. Je serai donc reconnaissant de la grande faveur que me ferait le *critique* de mieux me former sur la nature des idées, nature qu'il a de façon si magistérielle[1] accusé d'avoir omise en opposition à toutes les lois de la méthode.

Cette critique acrimonieuse qui prescrit aux autres ce qu'ils doivent ou non étudier[a] et me fait répondre de ce que j'ai écrit aussi bien que de ce que je n'ai pas écrit, est assurément due à la fertilité du sol. Il y a des génies heureux qui pensent qu'ils ne sont rien ou ne doivent être ignorants. Les capacités illimitées dont bénéficient dans le monde intellectuel ces *Fils de lumière* par l'heureux hasard de leur naissance, méritent notre admiration; je suis prêt à m'y soumettre, mais il est

a. Remplace « écrire ».

1. « de façon… » : qualificatif ajouté en marge.

difficile de vivre à côté de ces grands potentats qui attendent toujours de leurs voisins qui n'ont pas eu la bonne fortune de naître pour de tels patrimoines, qu'ils les régalent néanmoins avec la même abondance. S'il vous arrive de mentionner les idées[a], vous êtes immédiatement convoqué « pour exposer quel genre de choses vous attribuez à ces idées »[1], bien que peut-être vous n'avez absolument pas l'intention de les étudier plus que comme objets immédiats de la perception, ou si vous[b]- avez d'abord trouvé qu'elles sont un ensemble de choses obscures qui ne font que se montrer mais qui ne disent pas d'où elles viennent, ni où elles vont, ni de quoi elles sont faites ; pourtant, vous-[b] devez être jugé sur tous ces détails : 1° « est-ce que ce sont des êtres naturels ou non »[2] ; ensuite : « est-ce que ce sont des substances[c] ou des modifications de substances »[3] ; en en outre, si ce sont « des substances matérielles ou immatérielles » ; et si elles sont matérielles, vous devez répondre à une centaine de grosses questions. Je dois le reconnaître et c'est un signe de ma pauvreté : je ne suis pas fourni en ragoûts pour le réjouir à son goût sur tous ces sujets ; car il n'y a pas, à mon sens[d], une aile ou une cuisse de ces idées bêtes qui imiteront n'importe quoi, selon que vous les hacherez

a. Rayé : « et si vous avez l'intention d'en étudier rien de plus ou peut être que vous n'en savez rien de plus, que seulement elles sont l'objet de la perception ».

b. Suite ajoutée en marge à la place de « poursuivez, ils vous suspecteraient de perdre votre peine ».

c. Rayé : « réelles ».

d. Incise ajoutée.

1. J. Norris, *Cursory Reflections, op. cit.*, p. 22 : « Avant d'aller plus loin, j'aimerais que l'auteur fasse savoir de quel genre de choses sont ces idées… ».

2. J. Norris, *Cursory Reflexions, op. cit.*, p. 22.

3. J. Norris, *Cursory Reflexions, op. cit.*, p. 22-23.

en effluves matérielles, ou que vous les servirez en immatérielles par leur substance ou immatérielles par leur représentation[1]. Pourtant, bien accomodées, elles pourraient constituer une plat valable, comme vous pouvez le remarquer pages 21 à 31 où, avec sa grande générosité, il tient compte de ma cuisine démunie et se régale lui-même d'un grand festin, accordé à son palais ; et[a] j'y renvoie toute personne qui veut se régaler d'idées.

a. Rayé : « I defie any French cooke of them all ».

1. J. Norris, *Cursory Reflections*, *op. cit.*, p. 26 : « Il demeure donc que ce doit être des substances immatérielles. Et elles le sont indubitablement ; toutes par leur essence et la plupart quant à leur représentation ».

POSTFACE

À la différence du long dialogue polémique qui opposa Malebranche à Antoine Arnauld, la confrontation avec Locke n'eut pas lieu[1]. Faute d'une réponse malebranchiste à l'*Examen* de Locke et aux autres textes que donne à lire le présent volume, il serait aussi présomptueux qu'imprudent d'en conjecturer la teneur. C'est pourquoi nous ne nous y risquerons pas, pour nous contenter de souligner, sur quelques points saillants[2], l'intérêt spéculatif de la lecture lockienne, pour la compréhension de Malebranche, si tant est que la

---

1. L'œuvre apologétique du Cardinal Gerdil offre un rebondissement du débat au milieu du XVIIIe siècle, et met en œuvre une sorte de dialogue posthume entre Malebranche (vers qui vont clairement les préférences de Gerdil), et l'empirisme dont Locke reste le héros. Voir sur ce point l'ouvrage récent de Carlo Borghero, *Les cartésiens face à Newton. Philosophie, Science et religion dans la première moitié du XVIIe siècle*, Turnhout, Brepols, 2011, p. 31-36.

2. La question des idées, de leur origine et de leur nature est évidemment au centre des réflexions de Locke. Jean-Michel Vienne consacrant une bonne part de sa présentation des textes à la restitution des arguments lockiens et des enjeux du débat autour des idées, nous n'y revenons pas directement. Je remercie Claire Schwartz de m'avoir obligeamment communiqué le texte oral de sa communication sur l'*Examen* de la vision en Dieu, prononcée à l'occasion du colloque « Locke et le cartésianisme », tenu à l'Université de Lille III en septembre 2010, à l'initiative de Ph. Hamou. Nous rejoignons ses conclusions concernant le caractère parfois approximatif ou mal ciblé des critiques de Locke.

réception d'un philosophe par un autre s'avère toujours instructive, jusque dans les difficultés, les apories, voire les contradictions qu'elle met en évidence. À moins de présumer la mauvaise foi ou le manque de perspicacité, une erreur de lecture, voire un contresens est toujours significatif. C'est ainsi que notre compréhension de Malebranche peut s'enrichir de sa réception lockienne, en dépit du caractère nettement critique de l'*Examen* de Locke.

Tout se passe comme si, à partir d'un différend fondamental sur l'origine et la nature de nos idées, l'opposition des deux pensées se propageait à l'ensemble des questions abordées, en théorie de la connaissance, aussi bien qu'en métaphysique, en théologie naturelle, voire en morale. Tout comme Arnauld dix ans auparavant[1], c'est sur la question des idées que Locke concentre ses critiques, parce que cette question, devenue cruciale, commande en quelque sorte l'ensemble du débat. Nous nous centrerons sur l'*Examen*, principal élément du dossier, qui rassemble les critiques les plus fortes et les plus élaborées.

LA MÉTHODE

Un peu à la manière dont Leibniz fait grief à Descartes de n'avoir pas épuisé toutes les hypothèses avant de conclure à l'existence des corps extérieurs comme causes réelles de nos sensations, Locke attaque, à titre liminaire[2], la fiabilité du recensement malebranchiste des hypothèses quant à l'origine de nos idées. Deux reproches sont formulés. Le premier, implicite, porte sur l'exclusion de l'hypothèse d'une production des

---

1. Voir *Des vraies et des fausses idées*, récemment rééditées par D. Moreau, *op. cit.*
2. Voir *Examen*, n° 2 [6].

idées par les corps extérieurs, au profit d'une hypothèse plus complexe, moins intelligible et en outre exposée à davantage de difficultés. Mais surtout, Locke incrimine la conception de la connaissance qui préside à l'affirmation de la complétude du recensement des hypothèses. C'est en effet au titre de l'assurance (du reste rétrospective)[1] que notre esprit accède à la rationalité même de Dieu et connaît en quelques manières comme Dieu connaît[2], que nous nous croyons fondés à affirmer la complétude de l'énumération. Or ce n'est pas parce que nous ne parvenons pas à imaginer d'autres hypothèses quant à l'origine des idées que nous sommes *ipso facto* autorisés à clore leur énumération. Sous-couvert d'exhausser notre entendement jusqu'en Dieu et d'accéder à la rationalité divine au titre d'une affirmation sans fondement de l'univocité des connaissances, nous ravalons Dieu et le mesurons finalement à l'aune limitée de notre propre entendement. Le reproche ici formulé met en évidence une orientation majeure de la lecture lockienne : au titre d'une réduction injustifiée de l'existant au concevable et d'une sorte d'intolérance intellectuelle, Malebranche assure que ce qui est inaccessible à l'entendement humain ne peut avoir lieu en effet. Au contraire, selon Locke, les corps peuvent produire leurs idées dans l'esprit même si l'on ignore comment, mais aussi que d'autres manières d'expliquer nos idées sont possibles, que l'énumération malebranchiste écarte, faute de les imaginer[3].

1. Cette assurance n'est conquise qu'au chapitre VI du livre III de la *Recherche*, alors que le principe de ce passage en revue des hypothèses gouverne et organise toute la deuxième partie du même livre III.
2. Pour reprendre la célèbre formule du livre V de la *Recherche*, chap. V, *O.C.* II, p. 167-168 notamment.
3. Voir encore *Examen*, n° 8 [12] et *Remarques...*, n° 12.

Plus profondément, il nous semble que la lecture lockienne met en question la relation entre la méthode et la vision en Dieu. La théorie de la vision en Dieu des idées est démontrée (au livre III de la *Recherche*), sans que la méthode de la philosophie (théorisée au livre VI) ne soit explicitée. À sa manière, Locke interroge la pertinence d'un report de l'exposé de la méthode au sixième livre, méthode qui doit cependant justifier, de manière nécessairement rétrospective, la validité des démarches mises en œuvre et des résultats obtenus dans les cinq premiers. Remarquons ainsi que le principe d'énumération complète (convoqué dans le traitement de la question des idées) est utilisé avant d'être fondé et justifié. En dernière analyse, on peut suggérer que la lecture lockienne pose la question de savoir si les exigences et les prescriptions de la méthode sont vues en Dieu [1].

UNION ET PERCEPTION

On pouvait s'attendre à ce que Locke attaquât la notion d'union de l'esprit à Dieu, dont il fait, à juste titre, le pivot de la noétique malebranchienne, au titre de sa défiance envers l'enthousiasme. Or tel n'est pas le cas. C'est en raison de son impuissance à expliquer la perception, c'est-à-dire la production des idées dans l'esprit que le type d'union de l'esprit à Dieu postulé par l'oratorien se trouve rejeté. Dès l'entame de la

---

1. Le problème se pose d'autant plus que Locke montre que la vision en Dieu ne rend pas compte (voire contredit) la discursivité constitutive de la connaissance humaine, telle qu'elle est déployée dans la théorie de la méthode : on voit toute chose en Dieu, où elle est actuellement présente ; donc on doit voir toute chose en même temps. On ne peut alléguer la notion de présence virtuelle ou potentielle, puisque l'actualité plénière de l'essence divine rejaillit sur le mode d'être (lui aussi actuel) des idées divines. Voir *Examen*, n° 30 [34]. Dieu n'est évidemment pas soumis à cette même discursivité, n° 52 [59].

deuxième partie du livre III, d'accord en cela avec Locke et la plupart des contemporains, Malebranche impose la nécessité des idées en alléguant que l'union de la chose à l'âme est la condition de sa perception. Or les choses matérielles, ne pouvant être unies à l'âme en raison de leur hétérogénéité, ne sont pas perceptibles en elles-mêmes. Il faut donc recourir à des idées qui assurent leur représentation en l'âme. Or, les choses étant réputées incapables d'affecter l'esprit et de produire quoi que ce soit, c'est par notre union à l'esprit de Dieu qui contient leurs idées que nous les connaissons. Trois motifs conduisent Locke à critiquer cette notion d'union intime.

1) Issue de nos représentations physiques, la notion d'union, qui suppose le contact de deux parties étendues, n'est pas intelligible dès lors qu'on l'applique à deux esprits, ou à deux réalités spirituelles, comme doivent l'être l'esprit et les idées, ontologiquement proportionnées à lui[1]. En d'autres termes, Locke stigmatise l'impuissance du langage, voire de la pensée, devant les faits spirituels, et pointe en conséquence une forme de naturalisation de l'esprit, implicitement à l'œuvre dans le discours malebranchiste[2].

2) L'union ainsi conçue n'explique pas la perception[3]. Percevoir implique la production d'une idée ; or l'union de l'esprit à Dieu, telle que Malebranche se la représente, ne rend pas compte de la production des idées. Assurer qu'on voit les

---

1. S'il y a, pour Malebranche comme pour tout cartésien, une union de l'esprit et du corps, celle-ci, précisément, n'est pas réelle, du moins pour Malebranche, puisqu'elle est médiatisée par la causalité divine qui produit tel fait psychique à l'occasion de tel événement physique.

2. Cf. *Examen*, n° 43 [49] ; voir encore *ibid.*, n° 25 [29], qui dénonce l'application de schèmes empruntés au monde physique à l'intelligence de la vision en Dieu et de l'expression « Dieu est le lieu des esprits ».

3. *Examen*, n° 5 [9].

idées divines ne dit rien, parce que la nature de ce voir reste inexpliquée[1]. Reprenant à grand trait les explications de l'*Essai*, Locke entend rendre compte des perceptions sensibles par ce qu'il nomme des « causes matérielles », (entendons des causes efficientes secondes), selon lui plus économiques que la vision en Dieu. Confondant, comme nous y revenons plus bas, perception sensible et vision intellectuelle, Locke oppose à Malebranche la présence des organes sensoriels : si la simple présence occasionnelle (et causalement non réelle) de l'objet suffisait pour assurer la vision, un aveugle pourrait voir, puisque la défaillance de ses organes visuels n'impliquerait pas l'impossibilité d'une affection spirituelle immédiate[2].

3) L'union de l'âme à Dieu semble tout aussi inintelligible que l'union de l'âme au corps, d'autant que, comme le souligne la préface de la *Recherche*, la disproportion de l'âme à Dieu est plus grande encore que la distance de l'âme au corps.

LA PORTÉE DE LA « VISION EN DIEU »

La critique lockienne manifeste un contre-sens résultant d'une extension abusive du champ de validité de la théorie de la vision en Dieu. Mais elle révèle aussi une difficulté intrinsèque du malebranchisme, dont l'origine réside en une

---

1. Ajoutons que la disproportion ontique entre le corps et l'esprit ne suffit pas, comme le croit Malebranche, à invalider l'hypothèse de leur interaction causale : le fait que l'âme et le corps ne peuvent s'unir (au sens précis qu'on peut appliquer à ce terme) n'interdit pas que l'idée d'un corps ne soit produite par ce même corps, n° 5 [9].

2. Voir *Remarques*, n° 12. On verra plus bas que cet argument (qui confond vision sensible et intellectuelle) va plus loin encore, puisqu'il s'inscrit dans un réseau d'arguments sceptiques qui, sur la base d'une sorte de perversion du principe de la simplicité des voies, conduisent à réputer inutile l'existence d'un monde extérieur.

tension doctrinale jamais complètement résolue dans les premières éditions de la *Recherche*. Une des expressions les plus patentes de cette difficulté consiste dans la tension mainte fois soulignée entre le chapitre VI du livre III (Que nous voyons toutes choses en Dieu), et le suivant, qui distingue quatre manières de connaître et semble, *ipso facto*, limiter singulièrement la portée du dispositif élaboré au chapitre précédent.

Locke commet manifestement une erreur de perspective en attribuant à la vision en Dieu ce qui relève de la perception sensible. Tout se passe comme si l'on voyait en Dieu les idées, mais encore comme si on sentait pour ainsi dire en lui les sensations[1]. L'exemple que prend le n° 36 de l'*Examen* est révélateur : pour mettre en défaut l'affirmation selon laquelle nous voyons en quelque façon Dieu dès que nous voyons une créature (et donc la thèse dite de la vision en Dieu), Locke objecte le cas de l'enfant, qui, à peine né, voit en Dieu une chandelle, ou la balle avec laquelle il joue, alors qu'il n'a pas la moindre idée de Dieu. Or, si les essences de la balle ou de la chandelle sont vues en Dieu, leur existence concrète ne l'est pas. Locke majore donc l'extension de la vision en Dieu, pour en faire une vision totale de la créature, de son essence comme de son existence et des qualités sensibles qui la singularisent. Voir toute chose en Dieu revient à dire que le tout de la chose est vu en Dieu. Quelle que soit l'intention lockienne, sa lecture met en évidence la difficulté qu'on éprouve à distinguer la

---

1. Une phrase comme celle-ci est symptomatique de la confusion lockienne des plans et du refus de distinguer vision (intellectuelle) en Dieu, et perception sensible produite par Dieu dans l'esprit fini : « seulement il me paraît plus difficile de concevoir une image visible distincte dans l'essence invariable et uniforme de Dieu que dans une matière modifiable à l'infini » (*Examen*, n° 10 [14]).

vision en Dieu des essences et l'existence contingente sensible perçue en nous-mêmes par sensations [1].

Le différend épistémologique quant à la nature et à la pertinence de la distinction entre idée et sentiment renvoie donc, en dernière analyse, à un différend ontologique quant à la manière de penser les relations entre l'essence réelle et son existence concrète. La confusion lockienne révèle le danger qu'il y a, comme le fait Malebranche, à écarteler les idées, représentant des essences immuables, mais finalement privées de tout contenu réel, et les sentiments qui nous manifestent les qualités sensibles singulières et en définitive l'existence des créatures. Pour reprendre l'exemple lockien, l'être concret de la violette ne se résout pas en une entité double, une essence identifiée à une figure d'une part, un agrégat de qualités sensibles d'autre part.

Afin de mettre en évidence les conséquences absurdes de cette espèce de dichotomie du réel et les dangers d'une séparation trop abrupte de l'essence intelligible et de l'existence sensible, Locke raisonne à partir de la connaissance divine, telle que Malebranche la conçoit pour appuyer sa théorie de la

1. Voir le n° 39 [44], dans lequel Locke critique la distinction entre idée et sentiment. Au-delà de la critique de Malebranche, on voit poindre la nécessité de repenser à nouveaux frais la différence entre qualités premières et secondes. Il n'y a pas de différence de statut entre les idées de figure, de couleur et d'odeur d'une fleur. En d'autres termes, ou on voit en Dieu, mais alors on sent aussi tout en lui, ou il faut abandonner l'hypothèse d'une intervention directe de Dieu dans le processus cognitif. Le privilège reconnu au voir par rapport aux autres perceptions sensibles reste, selon Locke, injustifié. Voir n° 41 [46]. La couleur de la violette est une idée et un objet immédiat au même titre que la figure. Pour une autre objection contre la manière dont Malebranche distingue idées et sentiments, voir n° 49 [56].

connaissance humaine[1]. On sait que, pour ce dernier, Dieu affecte notre âme des sensations occasionnées par les corps. Or, pour que Dieu sache de quoi l'âme est capable afin de l'affecter et de l'informer de ce qu'elle doit savoir du monde environnant mais pour elle invisible, il doit certes avoir l'idée de notre âme, mais aussi les idées de ce dont il l'affecte, à savoir l'idée des couleurs. La science divine ne peut se limiter à des archétypes essentiels, mais s'étend identiquement à la saisie des existants. L'idée de la couleur ou du mouvement en Dieu ont ainsi le même statut que celles de la figure ou du nombre. En d'autres termes, la connaissance des essences et celle des existences ainsi que de leurs qualités singulières ne saurait être à ce point distendue, sans mettre en péril l'idée même d'une connaissance divine du monde existant. La lecture lockienne fait donc émerger une difficulté et montre qu'il est impossible de rendre compte de la connaissance divine du monde existant, à partir des principes malebranchistes. Et de fait, on sait comment Malebranche fait refluer sur une énigmatique auto-connaissance de la volonté divine la science des existants, soustraite à un entendement contemplant des idées archétypes ou des essences. De ce fait, la connaissance humaine des existants doit se confier à un sentiment plus ou moins étranger aux idées, et à l'intelligibilité qu'elles supportent.

En un mot, le débat sur l'extension de la vision en Dieu (et ce qui peut apparaître comme une erreur de Locke) met en

---

1. Locke pointe les apories de la thèse malebranchiste sur les idées en montrant que, même en Dieu, la doctrine de l'idée ne peut valoir. Argumenter à partir de la connaissance divine (et des apories que manifeste son traitement malebranchiste) pour comprendre le processus de la connaissance humaine manifeste, au-delà des éventuels contre-sens de détail, l'acuité et la perspicacité de l'auteur de l'*Essai*.

évidence un réseau de difficultés liées à une distinction trop accusée entre idée et perception sensible en l'homme, et à la distinction, elle aussi trop accusée, de l'entendement et de la volonté en Dieu.

L'EXISTENCE DES CORPS

L'interprétation de la manière dont Malebranche traite l'existence des corps hors de nous est complexe. Elle a connu plusieurs distorsions, dont l'une des plus récurrentes consiste en une lecture sceptique, que ce soit pour s'en féliciter (à l'instar de différents auteurs du XVIIIᵉ siècle), ou pour en faire grief à l'oratorien, comme ici Locke dans son *Examen*. En effet, la lecture lockienne tend à montrer que la doctrine de la vision en Dieu rend l'existence des corps extérieurs à la fois inutile et indémontrable. Malebranche lui-même a bien mis en évidence l'indémonstrabilité de l'existence corporelle à partir de ses propres principes[1]. Locke insiste plutôt sur l'inutilité de postuler l'existence de corps hors de nous, dans un système qui affirme à la fois que Dieu agit selon les voies les plus simples, et que les causes secondes ne sont pas véritablement efficientes.

C'est dans le cadre d'une discussion du chapitre IV, qui formule le principe dit de la simplicité des voies, que le n° 20 de l'*Examen* pointe le risque de scepticisme envers l'existence des corps et suggère que la vision en Dieu est proprement aveugle à l'existence des choses.

À l'occasion de l'examen de l'hypothèse dite du magasin d'idées, Locke se demande ce que veut dire l'expression « voir le soleil », puisque le soleil existant n'est pas visible, ou, si l'on

---

1. Pour s'en tenir à un texte que Locke a lu, voir principalement le VIᵉ *Eclaircissement*.

préfère, puisque l'objet réellement appréhendé ne se confond pas avec la chose même. La justification de l'invisibilité du soleil est originale, et témoigne d'une distorsion au regard de la lettre du malebranchisme. Le soleil n'est pas déclaré invisible parce qu'il n'affecte pas l'organe sensoriel, ou parce qu'il n'y a pas de commune mesure entre l'affection organique (qui est un événement physique) et la sensation (qui est un fait spirituel) ; selon Locke, il est invisible parce qu'à l'occasion de la présence du soleil, on ne voit qu'une idée[1]. Invisible en soi, le soleil matériel peut dès lors ne pas exister sans que rien ne soit changé quant au contenu de nos perceptions. L'invisibilité cognitive conduit tout naturellement au scepticisme existentiel : « quant au soleil lui-même, comme il ne peut être uni à son âme, il ne peut le voir. Comment dès lors peut-il savoir qu'il existe un soleil qu'il n'a jamais vu ? »[2].

Allons plus loin ; si le monde perceptif reste inchangé quel que soit le statut des objets extérieurs, on peut non seulement douter de leur existence, mais encore de leur utilité. C'est alors que Locke convoque le principe de la simplicité des voies, pour lui faire jouer un rôle que Malebranche n'aurait pu admettre, dans la mesure où la fonction que Locke lui assigne conduit à récuser l'occasionnalisme[3]. Puisque l'idée divine

1. On retrouve ici l'erreur commentée plus haut à propos de la portée réelle de la vision en Dieu.

2. *Examen*, n° 20 [24]. Voir encore l'*Examen* du Xe *Eclaircissement*, n° 51 [57], qui disjoint complètement représentation des essences dans l'idée et saisie de l'existence.

3. Locke oppose Malebranche à lui-même, en évoquant l'admirable structure de l'œil (si souvent vantée par Malebranche) comme un contre-exemple à son principe de la simplicité des voies : Dieu pouvait produire des idées visibles ou sensations, à l'occasion d'un choc sur le front ; *Remarques*, n° 13. C'est cependant méconnaître le fait que la sensation est produite en fonction de la situation de l'organe, et pas simplement en fonction d'un

assume pour ainsi dire toute la phénoménalité, à quoi sert l'existence des corps extérieurs ? On peut décomposer l'argumentation comme suit :

1) Dieu agissant le plus simplement possible, il n'est pas utile qu'il produise des corps extérieurs invisibles, alors qu'il peut se borner à créer des esprits (faits pour l'aimer) et les affecter directement de perceptions qui leur donnent accès à un monde aussi réel qu'un monde matériel (Berkeley n'est pas loin).

2) On peut voir en Dieu l'idée d'un objet (le soleil par exemple) sans qu'il soit requis de faire exister un soleil. Cette assertion témoigne d'une double distorsion. Concernant la vision en Dieu tout d'abord, Locke l'infléchit dans le sens d'une manifestation des idées selon le bon plaisir de Dieu. À plusieurs reprises, il insiste du reste sur la notion de « découverte » des idées, qu'il interprète comme le signe d'une intervention directe du vouloir divin dans le processus de la connaissance. Cette première distorsion en appelle immédia-tement une seconde, relative au rôle de la cause occasionnelle au regard de l'action divine : une interprétation résolument idéaliste de la vision en Dieu neutralise la fonction cognitive de l'occasion et achève ainsi de dissoudre le lien avec le monde extérieur : « et puisque Dieu fait toutes choses par les voies les plus économiques, quel besoin y a-t-il que Dieu fasse un soleil, si l'on peut voir son idée en lui quand il lui plairait de nous la montrer, alors que cela pourrait fort bien avoir lieu sans qu'il

---

événement indéterminé, ou d'une sorte d'arbitraire divin. Il reste que Locke souligne la difficulté qui tient, en définitive, à la théorie malebranchiste de la perception, qui juxtapose un versant physique et organique (l'affection des organes sensoriels par les corps extérieurs), et la production d'une sensation, fait purement spirituel, hétérogène au corps (*Recherche*, I, chap. X, § VI, *O.C.* I, p. 130).

existe le moindre soleil ?» Le raisonnement de Locke suggère qu'il faut choisir entre le volontarisme cognitif impliqué dans la vision en Dieu[1], et la fonction normative de l'occasion. Indéniablement, sa lecture témoigne d'une profonde mécompréhension de l'occasionnalisme[2], ce pourquoi, la théorie malebranchiste relative à l'origine de nos idées, qui stipule le refus de toute causalité réelle des corps sur l'esprit, ne peut retenir son attention[3].

Locke donne une confirmation de cet infléchissement sceptique de sa lecture, mais aussi du contresens qu'elle contient lorsqu'il aborde, en lisant le chapitre VII du livre III de la *Recherche*, la question d'autrui. Le n° 50 modifie sensiblement le point d'application de la conjecture qui fait le fond de notre connaissance d'autrui. La conjecture ne porte plus sur la présence en autrui d'une âme comparable à la nôtre, conjecture d'après laquelle nous pouvons traiter autrui comme un autre nous-même. Locke fait désormais porter la conjecture sur l'existence même d'autrui, et non plus sur une communauté d'affects qui fonde la conjecture d'autrui à partir de moi-même. C'est, en définitive, l'existence des autres hommes que

1. Objectant que les corps sont tout autant unis à Dieu que les esprits (puisque Dieu est omniprésent), Locke exclut que la notion d'union de l'esprit à Dieu suffise pour rendre compte du mécanisme de la vision des idées en lui. À l'union, il faut ajouter un acte positif de Dieu qui nous «découvre» ses idées. Voir *Examen*, fin du n° 25 [29], qui décompose le raisonnement pour montrer qu'on n'est pas plus avancé au terme du chapitre VI du livre III de la *Recherche*. Locke interprète cette notion de découverte des idées comme l'indice d'un arbitraire divin inexplicable, *ibid.*, n° 40 [45].

2. Il méconnaît tant le rôle du corps comme cause occasionnelle de la sensation, que celui de l'attention comme cause occasionnelle de la connaissance intellectuelle par idées.

3. Il entend au contraire expliquer la perception par des causes qu'il appelle matérielles (entendons les corps qui détiennent une efficience seconde) : *Examen*, n° 9-10 [13-14].

rend douteuse la philosophie malebranchiste, jugée incapable de faire sortir le sujet connaissant du monde de ses représentations et de ses sentiments.

S'agissant des sources et des conséquences de cette interprétation idéalisante du dispositif malebranchien, nous nous bornerons à deux brèves remarques.

Concernant les sources (au moins doctrinales) de Locke, l'interprétation hétérodoxe du principe de la simplicité des voies, qui stipule que Dieu aurait pu se dispenser de créer un monde extérieur, conduit à se demander s'il a pu lire les *Méditations sur la métaphysique* de l'abbé de Lanion, publiées en 1678, dans lesquelles cette hypothèse est expressément formulée[1]. Le traitement lockien de la conception malebranchiste de la connaissance d'autrui pourrait du reste conduire à une conclusion similaire[2].

Sans avoir lu Berkeley, Locke favorise par anticipation le rapprochement de l'oratorien et de l'évêque de Cloyne qui sera souvent fait au long du XVIIIe siècle. En effet, dans la mesure où Locke fait perdre à la cause occasionnelle sa consistance et sa fonction propre, la matière, déjà invisible en soi, devient tout à fait inutile. L'existence, quant à elle, reflue sur la perception et ce qui se montre en elle.

---

1. Nous nous permettons de renvoyer à notre édition et à notre présentation de ce texte, Vrin, 2009. Comme nous croyons l'avoir montré, les *Méditations* de Lanion, clairement influencées par le milieu malebranchiste, constituent la première expression de cette « déviation » idéaliste de la vision en Dieu. Voir en particulier la VIe méditation, consacrée à l'existence du monde extérieur, spécialement p. 95 *sq*.

2. Lanion en effet impose au thème malebranchiste de la connaissance d'autrui une semblable distorsion existentielle pourrait-on dire : « Ce n'est donc que par conjecture que je puis juger qu'il existe des esprits hors de moi » écrit Lanion, méditation VIII, p. 103.

Voyons-nous en Dieu ?

Cette manière de poser la question n'entend pas suggérer que voir en Dieu n'est pas voir Dieu dès cette vie, comme du reste Malebranche n'a cessé de le répéter, ne serait-ce que pour d'élémentaires motifs de prudence. Certaines remarques de Locke posent une question autrement plus radicale et embarrassante, en demandant si le Dieu requis par la thèse de la vision des idées n'est pas ravalé au rang d'un simple opérateur de nos représentations, voire d'une construction de l'esprit[1]. En outre, les remarques de Locke posent la question d'un éventuel spinozisme de Malebranche.

La théorie malebranchiste des idées définies comme des êtres réels et l'affirmation de leur vision en Dieu pose divers problèmes, et notamment celui de la compatibilité entre simplicité et diversité en Dieu[2].

Si l'idée est un être réel, elle doit se distinguer d'un autre être réel, sans quoi toutes les idées seront indistinctes. Or, au titre d'un principe à la fois banal et évident, tout ce qui est en Dieu est Dieu même. Les idées divines sont donc réellement distinctes, ce qui implique d'introduire en Dieu une diversité réelle. En effet, quel que soit le mode de leur distinction[3], celle-ci s'avère incompatible avec l'absolue simplicité de l'essence divine. Les exigences épistémiques de la vision en Dieu contredisent donc le principe métaphysique et théologique fondamental de la simplicité divine. Plus largement, la

1. Nous rejoignons ici les considérations de J.-M. Vienne à la fin de sa présentation des textes.

2. Voir notamment n° 31 [36].

3. Locke en distingue trois : les idées seront soit des parties de Dieu, soit des modes de son essence, soit elles seront en lui comme des objets en un lieu, ce qui exténue pour ainsi dire leur caractère divin, et tend à faire de Dieu une sorte de réceptacle, si ce n'est une simple métaphore.

lecture lockienne souligne le spinozisme à la fois résiduel et transposé au plan cognitif, impliqué dans la doctrine de la vision en Dieu : « faire que les choses soient visibles en lui [Dieu], c'est faire du monde matériel une partie de lui » (n° 45 [51]). Affirmer qu'on voit le monde en Dieu, c'est hypostasier le premier dans le second. S'il est vrai de dire que Dieu contient les choses créables ou créées en lui, c'est en un tout autre sens ; c'est au sens où sa puissance s'étend à tout le créable. Mais alors que la première manière de l'entendre est incompatible avec l'essence divine, la seconde est inintelligible, car la puissance ne laisse pas voir ses effets ; entendons que l'essence divine ne peut représenter les effets de la puissance, sans quoi il faudrait assurer que nous connaissons la totalité du possible[1]. En un mot, Locke nous donne de comprendre le risque qui, au-delà des intentions de Malebranche, le conduit à faire de Dieu l'instrument de sa noétique, plus que sa fin. Le philosophe est ainsi conduit à forger un concept de Dieu difficilement compatible avec les convictions du croyant.

À sa manière, Locke manifeste donc la féconde ambivalence de la pensée de Malebranche, héros d'un augustinisme accommodé au cartésianisme, et précurseur des Lumières.

Jean-Christophe Bardout,
Juillet 2013

---

1. *Examen*, n° 45 [51].

BIBLIOGRAPHIE

TEXTES

LOCKE, *Posthumous works of Mr. John Locke*, London, A. J. Churchill, 1706.
– *A Collection of Several Pieces of Mr Locke*, London, éd. Pierre Des Maizeaux, 1720.
– *Œuvres diverses de monsieur Locke*, Amsterdam, J. F. Bernard, 1732.
– *Œuvres philosophiques de Locke*, Paris, Nouvelle édition, revue par M. Thurot, 1821-25.
– « Locke's First Reply to John Norris », *The Locke Newsletter*, n°2, 1971, p. 7-11.
– *Examen de la* vision de Dieu *de Malebranche*, introduction, traduction et notes par Jean Pucelle, Paris, Vrin, 1978.
– *Malebranche e la visione in Dio, con un commento di Leibnitz*, a cura di Luisa Simonutti, Pisa, Edizioni ETS, 1995.
– *Essai sur l'entendement humain*, traduction et notes de J.-M. Vienne, Paris, Vrin, (2 vol.) 2002-2006.
– *Digital Locke Project*, édition critique numérisée des manuscrits par Paul Schuurman : http://www.digitallockeproject.nl/.
– The Clarendon Edition of the Works on John Locke, Oxford, Clarendon Press, 1975 – (*Essay, Correspondence*, etc.).
MALEBRANCHE, *Œuvres complètes*, sous la direction d'A. Robinet, Paris, Vrin, 1972, (cité *O.C.*).

−*De la recherche de la vérité*, Livres I-III, édités et introduits par J.-C. Bardout, Paris, Vrin, 2006.

−*De la recherche de la vérité*, Livres IV-V, édités et introduits par J.-C. Bardout, Paris, Vrin, 2006.

−*Éclaircissements, Réponse à Régis, Annexes,* édités et introduits par J.-C. Bardout, Paris, Vrin, 2006.

NORRIS J., *Cursory reflections upon a book call'd an Essay concerning human Understanding*, appendice à *Christian Blessedness... to which are added, Reflections upon a Late Essay concerning Human Understanding*, London, 1690 ; reprint : New York, Londres, Garland Publishing Inc, 1978.

−*Treatises upon several subjects*, London, 1698, (contient *Reason and Religion*); reprint : New York, London, Garland Publishing Inc, 1978.

AUTEURS CONTEMPORAINS

ARNAULD A., *Des vraies et des fausses idées*, édité par D. Moreau, Paris, Vrin, 2011.

LEIBNIZ G. W., Commentaire d'un jugement de Locke sur Malebranche, dans Robinet A., *Malebranche et Leibniz : relations personnelles...*, Paris, Vrin, 1955, p. 397-401.

LITTÉRATURE SECONDAIRE

ACWORTH R., *La philosophie de John Norris,* Lille, Paris, H. Champion, 1975.

−trad. : *The Philosophy of John Norris of Bemerton, 1657-1712*, Hildesheim/New York, G. Olms, 1979.

ATTIG J., http://www.libraries.psu.edu/tas/locke/ (Bibliographie exhaustive de Locke, régulièrement tenue à jour).

AYERS M., *Locke*, London, Routledge, 1991.

BORGHERO C., *Les cartésiens face à Newton*, Turnhout, Brépols, 2011.

HUTTON S., « Masham, Damaris (née Cudworth) 1658-1708 », *The Continuum companion to Locke*, S.-J. Savonius-Wroth, Paul

Schuurman, Jonathan Walmsley (eds.), London-New-York, Continuum, 2010, p. 72-76.

JOLLEY N., *The Light of the Soul, theories of ideas in Leibniz, Malebranche, and Descartes*, Oxford, Clarendon Press, 1990.

– « Berkeley, Malebranche, and vision in God », *Journal of the history of philosophy*, 34, 1996, p. 535-548.

JOHNSTON C., « Locke's examination of Malebranche and John Norris », *Journal of the History of Ideas*, 1958, p. 551-558.

MATTHEWS H. E., « Locke, Malebranche and the representative theory », *The Locke Newsletter*, 2, 1971, p. 12-21.

MCCRACKEN C. J., *Malebranche and British Philosophy*, Oxford, Clarendon Press, 1983.

MOREAU D., *Malebranche. Une philosophie de l'expérience*, Paris, Vrin, 2004.

ROBINET A., *Système et existence dans l'œuvre de Malebranche*, Paris, Vrin, 1965.

SCHWARTZ C., « L'*Examen de la vision en Dieu* : un cartésianisme à l'épreuve de la critique lockienne », communication au colloque *Locke et le cartésianisme*, Lille 2012, à paraître.

SIMONUTTI L., « J. Locke, G. W. Leibniz, Malebranche e la visione in Dio », *Paradosso*, 4, 1993, p. 122-155.

SCHUURMAN P., « Vision in God and thinking matter : Locke's epistemological agnosticism used against Malebranche and Stillingfleet », *Studies on Locke ; sources, contemporaries, and legacy : in honour of G.A.J. Rogers*, ed. Sarah Hutton, Paul Schuurman, Dordrecht, Springer, 2008, p. 177-193.

– « John Norris 1657-1712 », *The Continuum companion to Locke*, ed. S.-J. Savonius-Wroth, Paul Schuurman, Jonathan Walmsley, London, New York, Continuum, 2010, p. 103-105.

SINA M., « Le tappe della polemica Norris-Locke e l'intervento del Collins », *Nouvelles de la République des Lettres*, I, 1981, p. 133-163.

VIENNE J-M., « Malebranche and Locke : the theory of moral choice, a neglected thème », *Nicolas Malebranche : his philosophical critics and successors*, ed. Stuart Brown, Assen/Maascricht, Van Gorcum, 1991, p. 94-108.

– « Enthousiasme et raison », *L'enthousiasme dans le Monde Anglo-américain*, Dijon, Presses de l'Université de Bourgogne, 1991, p. 41-62.

– « Les rapports entre raison et foi à la lumière de la métaphore de la vision », *Revue Philosophique*, 1997, 1, p. 45-58.

YOLTON J. W., « On being present to the mind : a sketch for the history of an idea » ; *Dialogue*, 14, 1975, p. 373-388.

– « Locke and Malebranche : two concepts of Ideas », *John Locke ; Symposium Wolfenbüttel 1979*, Berlin-NewYork, ed. R. Brandt, 1981.

– *Perceptual Acquaintance from Descartes to Reid*, Minneapolis, University of Minnesota Press, 1984.

– *Perception & Reality : a history from Descartes to Kant*, London, Cornell University Press, 1996.

INDEX DES NOTIONS

Les pages indiquées en italique renvoient à l'introduction,
à la postface et aux notes.

INDEX DES NOMS

TABLE DES MATIÈRES

ACHEVÉ D'IMPRIMER
EN OCTOBRE 2013
PAR L'IMPRIMERIE
DE LA MANUTENTION
A MAYENNE
FRANCE
N° 2123253P

Dépôt légal : 4ᵉ trimestre 2013